AF288227

Deutschland und
der Zwei-plus-Vier-Vertrag

Wichtige Vorbemerkungen des Autors
Die Aussagen in diesem Buch entsprechen meiner freien Meinung und sind
allein meine Ansichten. Meine Werturteile stellen daher eine bloße Meinungs-
äußerung dar. Fremdbehauptungen werden durch Quellen belegt. Diese sind
im Anhang wiedergegeben und können jederzeit überprüft werden.

Hinweis des Verlages
Alle Zitate in diesem Buch sind nach den offiziellen Regeln übernommen,
das heißt, Schreibweisen nach der alten Rechtschreibung oder Rechtschreib-
fehler werden übernommen, störende oder gravierende Fehler sind in
eckigen Klammern korrigiert.

1. Auflage Mai 2024
2. Auflage Oktober 2024

Copyright © 2024 bei
Kopp Verlag, Bertha-Benz-Straße 10, D-72108 Rottenburg

Lektorat: Swantje Christow
Satz und Layout: Mohn Media Mohndruck GmbH, Gütersloh
Umschlaggestaltung: Nicole Lechner

ISBN: 978-3-98992-005-7

Gerne senden wir Ihnen unser Verlagsverzeichnis
Kopp Verlag
Bertha-Benz-Straße 10
72108 Rottenburg
E-Mail: info@kopp-verlag.de
Tel.: (0 74 72) 98 06-10
Fax: (0 74 72) 98 06-11

Unser Buchprogramm finden Sie auch im Internet unter:
www.kopp-verlag.de

Michael Grandt

Deutschland und der
Zwei-plus-Vier-Vertrag

Hintergründe · Wortbrüche · Lügen

KOPP VERLAG

Para Maria: minha vida

»Die Ukraine bekommt Geld von Deutschland
für Rüstung, Renten, Sozialleistungen und Gehälter,
hat aber die nötigen Gaslieferungen
aus Russland nach Deutschland fast eingestellt.
Und die Deutschen schlucken das alles, weil sie was
nicht haben? Souveränität.«[1]

Wladimir Putin,
Präsident der Russischen Föderation

Aus dem Wahlprogramm der **SPD**
für die Bundestagswahl 2021:

- Eine restriktive Rüstungsexportpolitik ist für die SPD zentral. Sie will sich dafür einsetzen, dass deutsche Rüstungsexporte an Drittstaaten eingeschränkt werden. Mit den anderen EU-Staaten wollen sich die Sozialdemokraten über eine Verschärfung der EU-Rüstungsexportvereinbarungen abstimmen.

- Die SPD betont, sie sei für eine Welt ohne Atomwaffen. Dafür will sie sich für Abrüstungsverhandlungen einsetzen – auch mit dem Ziel, die in Europa und in Deutschland stationierten Atomwaffen endlich abzuziehen und zu vernichten.

- Die SPD verspricht, auf Diplomatie, Dialog, zivile Krisenprävention und Friedensförderung zu setzen. Um die Führungsrolle Deutschlands bei der Vermittlung von Frieden auszubauen, will sie das Zentrum für Internationale Friedenseinsätze (ZIF) stärken.

- Laut ihrem Wahlprogramm setzen sich die Sozialdemokraten dafür ein, dass Europa eine Vorreiterrolle bei internationaler Krisenprävention, Friedens- und Demokratieförderung sowie zum Schutz von Menschenrechten einnimmt.[2]

Aus dem Wahlprogramm der **GRÜNEN** für die Bundestagswahl 2021:

- Für die Grünen verbieten sich Rüstungsexporte an Diktatoren, menschenrechtsverachtende Regime und in Kriegsgebiete. Sie wollen eine restriktive EU-Rüstungsexportkontrolle mit Sanktionsmöglichkeiten und versprechen, in Deutschland ein Rüstungsexportkontrollgesetz vorzulegen.

- Die Grünen wollen ein Deutschland frei von Atomwaffen und einen deutschen Beitritt zum UN-Atomwaffenverbotsvertrag.

- Für die Grünen stellen autonome Waffensysteme eine unberechenbare Bedrohung dar. Sie wollen diese international verbindlich regulieren und Anwendungen, die gegen ethische und völkerrechtliche Grundsätze verstoßen, international verbindlich ächten und verbieten.

- Das »2-Prozent-Ziel« der NATO lehnen die Grünen als nicht zielführend ab.[3]

Aus dem Wahlprogramm der **FDP** für die Bundestagswahl 2021:

- Wir Freie Demokraten bekennen uns uneingeschränkt zur NATO. Denn die NATO ist ein konkurrenzlos erfolgreiches Sicherheitsbündnis. Es soll auch in Zukunft als Garant für unsere Sicherheit stehen. Die zentralen Beschlüsse der Allianz von Wales und Warschau tragen wir in vollem Umfang mit: die Stärkung des Abschreckungs- und Verteidigungsdispositivs der NATO durch Finanzmittel, Fähigkeiten und Beiträge, einhergehend mit gleichzeitigem Dialog mit Russland.

- Wir Freie Demokraten bekennen uns zum langfristigen Ziel einer atomwaffenfreien Welt und setzen uns dafür ein, die andauernde Krise der nuklearen Abrüstung und Rüstungskontrolle zu überwinden. Vor dem Hintergrund eines sich wandelnden Sicherheitsumfeldes zerfallen die bestehenden Strukturen der Atomwaffenkontrolle. Gleichzeitig nimmt die Gefahr durch Nuklearwaffen in der internationalen Politik wieder zu. Wir wollen deshalb, dass Deutschland und Europa starke Impulsgeber sind, um die Instrumente von Abrüstung und Rüstungskontrolle für das 21. Jahrhundert zu erneuern und neu zu denken. Wir sind überzeugt, dass wir neue atomare Aufrüstungsspiralen dauerhaft nur verhindern können, wenn es gelingt, neben den Atommächten USA und Russland auch Nuklearwaffenstaaten wie China an den Verhandlungstisch zu holen.[4]

Inhalt

Vorwort

Sehr geehrte Leser,

der Zwei-plus-Vier-Vertrag ist der wichtigste Vertrag für die Wiedervereinigung, der endgültigen Grenzziehung, für die innere und äußere Souveränität Deutschlands und zugleich eine Art Friedensabkommen.

Doch jetzt, 33 Jahre nach seiner Ratifizierung durch die vier Mächte, diskutieren hochrangige russische Politiker über die Kündigung dieses Vertrages. Auslöser dafür ist die »unerschütterliche« Waffenhilfe Deutschlands an die Ukraine, die unser Land immer mehr zur Kriegspartei werden lässt. Und auch die unsägliche Diskussion über die Lieferung von Taurus-Marschflugkörpern, mit denen auch russisches Staatsgebiet getroffen werden könnte, macht die Russen immer wütender. Die zentralen Fragen in diesem Zusammenhang lauten daher:

- Bricht Deutschland mit seinen Waffenlieferungen und seiner Unterstützung für die Ukraine den Zwei-plus-Vier-Vertrag?
- Wie sieht das der Westen?
- Wie sehen das die Russen?

Und:

- Hat Deutschland bereits in der Vergangenheit durch seine Beteiligung an völkerrechtswidrigen Kriegen gegen den Zwei-plus-Vier-Vertrag verstoßen?

Doch die wichtigste Frage ist:

- Welche Folgen hätte die Kündigung des Vertrages
  durch die Russische Föderation für das wiedervereinte
  Deutschland?

Das sind Fragen, die für den Fortbestand unseres Staates, so wie wir ihn seit 1990 kennen, von elementarer Bedeutung sind.

In dieser Publikation werde ich den Leser deshalb durch das Dickicht und die verschlungenen Pfade des Zwei-plus-Vier-Vertrages führen, verschwiegene Hintergründe ans Tageslicht bringen, Lug und Trug aufdecken und die Verantwortlichen beim Namen nennen. Sie werden sich erstaunt die Augen reiben, wie perfide die Regierenden die Deutschen angelogen und wie die Medien dies als willige Vollstrecker mitgetragen haben und immer noch mittragen.

In diesem Zusammenhang beantworte ich zusätzlich noch weitere, äußerst brisante Fragen, wie:

- Warum diskutiert Russland jetzt sogar die Bombardierung
  deutscher Brücken?
- Warum wurde Deutschland 1990 nicht neutral?
- Ist Deutschland eigentlich noch »besetzt«?
- Warum enthält die UN-Charta immer noch
  die Feindstaatenklausel für Deutschland?
- Warum sind wir jetzt einer der Hauptfeinde
  der Russischen Föderation?
- Weshalb täuschte Angela Merkel die Russen mit dem
  Minsker Abkommen?

- Wurde den Russen wirklich versprochen, die NATO würde sich nicht nach Osten ausweiten?

Wussten Sie außerdem, dass

- Angela Merkel erst im August 2013 (!) die »volle Souveränität« Deutschlands bekannt gab?
- die Sowjetunion erst 10 Jahre nach Ende des Zweiten Weltkrieges den Kriegszustand mit Deutschland aufhob?
- Deutschland gar keinen Friedensvertrag wollte?
- das Bundesverfassungsgericht festgestellt hat, dass das Deutsche Reich nicht untergegangen ist?

Diese und weitere Fragen werde ich – wie üblich in meinen Publikationen – mit seriösen Quellen untermauert, beantworten.

Sie werden nirgendwo eine objektivere Analyse zu diesem Thema finden, weil ich als **neutraler** Journalist **beide Seiten** zu Wort kommen lasse. Ich meine damit auch die russische. Dadurch unterscheidet sich meine Publikation erheblich von der täglich über uns hereinbrechenden medial-politischen einseitigen Pro-Ukraine-Propaganda, die jegliche objektive Sicht dämonisiert und sanktioniert.[5]

Die Zeiten sind äußerst schwierig, doch die Deutschen haben in der Vergangenheit vielfach bewiesen, dass sie auch die schwersten Zeiten meistern können. Vielleicht gibt es ja Hoffnung auf die Ablösung unserer kriegsversessenen rot-grün-gelben Regierung, die unser Land immer mehr an den Abgrund eines Krieges mit der Russischen Föderation bringt – und das trotz der vollmundigen Zusagen in ihren Wahlprogrammen, in denen sie versprechen, sich für Frieden und Abrüstung einzusetzen.

In diesem Sinne alles Gute.
Ihr *Michael Grandt*

Anmerkung: Im weiteren Verlauf des Buches bezeichne ich die »Russische Föderation« einfachheitshalber als »Russland«.

TEIL 1

Der Zwei-plus-Vier-Vertrag

I. Der Vertragstext

Voraussetzung für eine Wiedervereinigung der beiden deutschen Staaten war ein Friedensvertrag oder eine entsprechende völkerrechtlich bindende Regelung. Diese sollte den Nachkriegszustand und die noch bestehenden Besatzungsrechte der Alliierten beenden.

Die Bundesregierung zielte auf einen Vertrag ab, der alle Fragen regelte, die in einem Friedensvertrag normalerweise geregelt werden, doch ohne als »Friedensvertrag« bezeichnet zu werden.[6] Das Ergebnis war der sogenannte »Zwei-plus-Vier-Vertrag« als »völkerrechtlicher Spagat«[7], der am 12. September 1990 in Moskau unterschrieben wurde. Offiziell trägt er den Titel »Vertrag über die abschließende Regelung in bezug auf Deutschland«. Vertragsparteien waren die beiden deutschen Staaten, die Sowjetunion, Frankreich, Großbritannien und die USA. Der Vertrag trat nach der Hinterlegung der letzten Ratifikationsurkunde am 15. März 1991 in einer offiziellen Zeremonie in Kraft[8] und stellte die endgültige innere und äußere Souveränität des vereinten Deutschlands her. Im Einzelnen wurden festgelegt:

- Die endgültigen mitteleuropäischen Grenzen und damit das Staatsgebiet des vereinten Deutschlands mit der Erklärung, dass Deutschland keine Gebietsansprüche an andere Staaten stellt.
- Die Reduzierung der Personalstärke der deutschen Streitkräfte auf 370 000 Soldaten, mit der gleichzeitigen Erklärung, dass Deutschland auf die Herstellung, die Verfügung

über und den Besitz von ABC-Waffen sowie auf das Führen
und die Vorbereitung von Angriffskriegen verzichtet.

- Eine Vereinbarung über den Abzug der sowjetischen
  Truppen aus Ostdeutschland bis zum Jahr 1994 sowie
  das Recht, Bündnissen anzugehören.[9]

Hier der gesamte Vertragstext (Hervorhebungen durch den Autor):

Vertrag über die abschließende Regelung in bezug auf Deutschland (»Zwei-plus-Vier-Vertrag«) vom 12. September 1990

Die Bundesrepublik Deutschland, die Deutsche Demokratische Republik, die Französische Republik, das Vereinigte Königreich Großbritannien und Nordirland, die Union der Sozialistischen Sowjetrepubliken und die Vereinigten Staaten von Amerika –

In dem Bewusstsein, daß ihre Völker seit 1945 miteinander in Frieden leben,

Eingedenk der jüngsten historischen Veränderungen in Europa, die es ermöglichen, die Spaltung des Kontinents zu überwinden,

Unter Berücksichtigung der Rechte und Verantwortlichkeiten der Vier Mächte in bezug auf Berlin und Deutschland als

Ganzes und der entsprechenden Vereinbarungen und Beschlüsse der Vier Mächte aus der Kriegs- und Nachkriegszeit,

Entschlossen, in Übereinstimmung mit ihren Verpflichtungen aus der Charta der Vereinten Nationen freundschaftliche, auf der Achtung vor dem Grundsatz der Gleichberechtigung und Selbstbestimmung der Völker beruhende Beziehungen zwischen den Nationen zu entwickeln und andere geeignete Maßnahmen zur Festigung des Weltfriedens zu treffen,

Eingedenk der Prinzipien der in Helsinki unterzeichneten Schlußakte der Konferenz über Sicherheit und Zusammenarbeit in Europa,

In Anerkennung, daß diese Prinzipien feste Grundlagen für den Aufbau einer gerechten und dauerhaften Friedensordnung in Europa geschaffen haben,

Entschlossen, die Sicherheitsinteressen eines jeden zu berücksichtigen,

Überzeugt von der Notwendigkeit, Gegensätze endgültig zu überwinden und die Zusammenarbeit in Europa fortzuentwickeln,

In Bekräftigung ihrer Bereitschaft, die Sicherheit zu stärken, insbesondere durch wirksame Maßnahmen zur Rüstungskontrolle, Abrüstung und Vertrauensbildung; ihrer

Bereitschaft, sich gegenseitig nicht als Gegner zu betrachten, sondern auf ein Verhältnis des Vertrauens und der Zusammenarbeit hinzuarbeiten sowie dementsprechend ihrer Bereitschaft, die Schaffung geeigneter institutioneller Vorkehrungen im Rahmen der Konferenz über Sicherheit und Zusammenarbeit in Europa positiv in Betracht zu ziehen,

In Würdigung dessen, daß **das deutsche Volk in freier Ausübung des Selbstbestimmungsrechts** seinen Willen bekundet hat, die staatliche Einheit Deutschlands herzustellen, um als **gleichberechtigtes und souveränes Glied in einem vereinten Europa dem Frieden der Welt zu dienen**,

In der Überzeugung, daß die Vereinigung Deutschlands als Staat mit endgültigen Grenzen ein bedeutsamer Beitrag zu Frieden und Stabilität in Europa ist,

Mit dem Ziel, die abschließende Regelung in bezug auf Deutschland zu vereinbaren,

In Anerkennung dessen, daß dadurch und mit der Vereinigung Deutschlands als einem demokratischen und friedlichen Staat die Rechte und Verantwortlichkeiten der Vier Mächte in bezug auf Berlin und Deutschland als Ganzes ihre Bedeutung verlieren,

Vertreten durch ihre Außenminister, die entsprechend der Erklärung von Ottawa vom 13. Februar 1990 am 5. Mai

1990 in Bonn, am 22. Juni 1990 in Berlin, am 17. Juli 1990 in Paris unter Beteiligung des Außenministers der Republik Polen und am 12. September 1990 in Moskau zusammengetroffen sind –

Sind wie folgt **übereingekommen:**

────────── Artikel 1 ──────────

(1) Das vereinte Deutschland wird die Gebiete der Bundesrepublik Deutschland, der Deutschen Demokratischen Republik und ganz Berlins umfassen. Seine Außengrenzen werden die Grenzen der Deutschen Demokratischen Republik und der Bundesrepublik Deutschland sein und werden am Tage des Inkrafttretens dieses Vertrags endgültig sein. Die Bestätigung des endgültigen Charakters der Grenzen des vereinten Deutschland ist ein wesentlicher Bestandteil der Friedensordnung in Europa.

(2) Das vereinte Deutschland und die Republik Polen bestätigen die zwischen ihnen bestehende Grenze in einem völkerrechtlich verbindlichen Vertrag.

(3) **Das vereinte Deutschland hat keinerlei Gebietsansprüche gegen andere Staaten und wird solche auch nicht in Zukunft erheben.**

(4) Die Regierungen der Bundesrepublik Deutschland und der Deutschen Demokratischen Republik werden

sicherstellen, daß die Verfassung des vereinten Deutschland keinerlei Bestimmungen enthalten wird, die mit diesen Prinzipien unvereinbar sind. Dies gilt dementsprechend für die Bestimmungen, die in der Präambel und in
den Artikeln 23 Satz 2 und 146[10] des Grundgesetzes für
die Bundesrepublik Deutschland niedergelegt sind.

(5) Die Regierungen der Französischen Republik, des Vereinigten Königreichs Großbritannien und Nordirland, der
Union der Sozialistischen Sowjetrepubliken und der Vereinigten Staaten von Amerika nehmen die entsprechenden
Verpflichtungen und Erklärungen der Regierungen der
Bundesrepublik Deutschland und der Deutschen Demokratischen Republik förmlich entgegen und erklären, daß
mit deren Verwirklichung der endgültige Charakter der
Grenzen des vereinten Deutschland bestätigt wird.

──────────────── Artikel 2 ────────────────

Die Regierungen der Bundesrepublik Deutschland und der
Deutschen Demokratischen Republik bekräftigen ihre
Erklärungen, **daß von deutschem Boden nur Frieden
ausgehen wird. Nach der Verfassung des vereinten
Deutschland sind Handlungen, die geeignet sind und in
der Absicht vorgenommen werden, das friedliche
Zusammenleben der Völker zu stören, insbesondere die
Führung eines Angriffskrieges vorzubereiten, verfassungswidrig und strafbar. Die Regierungen der Bundesrepublik Deutschland und der Deutschen Demokratischen Republik erklären, daß das vereinte Deutschland**

keine seiner Waffen jemals einsetzen wird, es sei denn in Übereinstimmung mit seiner Verfassung und der Charta der Vereinten Nationen.

──────── **Artikel 3** ────────

(1) Die Regierungen der Bundesrepublik Deutschland und der Deutschen Demokratischen Republik bekräftigen ihren **Verzicht auf Herstellung und Besitz von und auf Verfügungsgewalt über atomare, biologische und chemische Waffen**. Sie erklären, daß auch das vereinte Deutschland sich an diese Verpflichtungen halten wird. Insbesondere gelten die Rechte und Verpflichtungen aus dem Vertrag über die Nichtverbreitung von Kernwaffen vom 1. Juli 1968 für das vereinte Deutschland fort.

(2) Die Regierung der Bundesrepublik Deutschland hat in vollem Einvernehmen mit der Regierung der Deutschen Demokratischen Republik am 30. August 1990 in Wien bei den Verhandlungen über Konventionelle Streitkräfte in Europa folgende Erklärung abgegeben:

»Die Regierung der Bundesrepublik Deutschland verpflichtet sich, die Streitkräfte des vereinten Deutschland innerhalb von drei bis vier Jahren auf eine Personalstärke von 370 000 Mann (Land-, Luft- und Seestreitkräfte) zu reduzieren. Diese Reduzierung soll mit dem Inkrafttreten des ersten KSE-Vertrags beginnen. Im Rahmen dieser Gesamtobergrenze werden nicht mehr als 345 000 Mann den Land- und Luftstreitkräften angehören, die gemäß vereinbartem Mandat allein Gegenstand der Verhandlungen über konventionelle Streitkräfte in Europa sind. Die Bundesregierung sieht in ihrer Verpflichtung zur Reduzierung von Land- und Luftstreitkräften einen bedeutsamen deutschen Beitrag zur Reduzierung der konventionellen Streitkräfte in Europa. Sie geht davon aus, daß in Folgeverhandlungen auch die anderen Verhandlungsteilnehmer ihren Beitrag zur Festigung von Sicherheit und Stabilität in Europa, einschließlich Maßnahmen zur Begrenzung der Personalstärken, leisten werden.«

Die Regierung der Deutschen Demokratischen Republik hat sich dieser Erklärung ausdrücklich angeschlossen.

(3) Die Regierungen der Französischen Republik, des Vereinigten Königreichs Großbritannien und Nordirland, der Union der Sozialistischen Sowjetrepubliken und der Vereinigten Staaten von Amerika nehmen diese Erklärungen der Regierungen der Bundesrepublik Deutschland und der Deutschen Demokratischen Republik zur Kenntnis.

_____ **Artikel 4** _____

(1) Die Regierungen der Bundesrepublik Deutschland, der Deutschen Demokratischen Republik und der Union der Sozialistischen Sowjetrepubliken erklären, daß das vereinte Deutschland und die Union der Sozialistischen Sowjetrepubliken in vertraglicher Form die Bedingungen und die Dauer des Aufenthalts der sowjetischen Streitkräfte auf dem Gebiet der heutigen Deutschen Demokratischen

Republik und Berlins sowie die Abwicklung des Abzugs dieser Streitkräfte regeln werden, der bis zum Ende des Jahres 1994 im Zusammenhang mit der Verwirklichung der Verpflichtungen der Regierungen der Bundesrepublik Deutschland und der Deutschen Demokratischen Republik, auf die sich Absatz 2 des Artikels 3 dieses Vertrags bezieht, vollzogen sein wird.

(2) Die Regierungen der Französischen Republik, des Vereinigten Königreichs Großbritannien und Nordirland und der Vereinigten Staaten von Amerika nehmen diese Erklärung zur Kenntnis.

 **Artikel 5**

(1) Bis zum Abschluß des Abzugs der sowjetischen Streitkräfte vom Gebiet der heutigen Deutschen Demokratischen Republik und Berlins in Übereinstimmung mit Artikel 4 dieses Vertrags werden auf diesem Gebiet als Streitkräfte des vereinten Deutschland ausschließlich deutsche Verbände der Territorialverteidigung stationiert sein, die nicht in die Bündnisstrukturen integriert sind, denen deutsche Streitkräfte auf dem übrigen deutschen Territorium zugeordnet sind. Unbeschadet der Regelung in Absatz 2 dieses Artikels werden während dieses Zeitraums Streitkräfte anderer Staaten auf diesem Gebiet nicht stationiert oder irgendwelche andere militärische Tätigkeiten dort ausüben.

(2) Für die Dauer des Aufenthalts sowjetischer Streitkräfte auf dem Gebiet der heutigen Deutschen Demokratischen

Republik und Berlins **werden auf deutschen Wunsch Streitkräfte der Französischen Republik, des Vereinigten Königreichs Großbritannien und Nordirland und der Vereinigten Staaten von Amerika auf der Grundlage entsprechender vertraglicher Vereinbarung zwischen der Regierung des vereinten Deutschland und den Regierungen der betreffenden Staaten in Berlin stationiert bleiben.** Die Zahl aller nichtdeutschen in Berlin stationierten Streitkräfte und deren Ausrüstungsumfang werden nicht stärker sein als zum Zeitpunkt der Unterzeichnung dieses Vertrags. Neue Waffenkategorien werden von nichtdeutschen Streitkräften dort nicht eingeführt. Die Regierung des vereinten Deutschland wird mit den Regierungen der Staaten, die Streitkräfte in Berlin stationiert haben, Verträge zu gerechten Bedingungen unter Berücksichtigung der zu den betreffenden Staaten bestehenden Beziehungen abschließen.

(3) Nach dem Abschluß des Abzugs der sowjetischen Streitkräfte vom Gebiet der heutigen Deutschen Demokratischen Republik und Berlins können in diesem Teil Deutschlands auch deutsche Streitkräfteverbände stationiert werden, die in gleicher Weise militärischen Bündnisstrukturen zugeordnet sind wie diejenigen auf dem übrigen deutschen Hoheitsgebiet, allerdings ohne Kernwaffenträger. Darunter fallen nicht konventionelle Waffensysteme, die neben konventioneller andere Einsatzfähigkeiten haben können, die jedoch in diesem Teil Deutschlands für eine konventionelle Rolle ausgerüstet und nur dafür vorgesehen sind. Ausländische

Streitkräfte und Atomwaffen oder deren Träger werden in diesem Teil Deutschlands weder stationiert noch dorthin **verlegt**.

———————— Artikel 6 ————————

Das Recht des vereinten Deutschland, Bündnissen mit allen sich daraus ergebenden Rechten und Pflichten anzugehören, wird von diesem Vertrag nicht berührt.

———————— Artikel 7 ————————

(1) Die Französische Republik, das Vereinigte Königreich Großbritannien und Nordirland, die Union der Sozialistischen Sowjetrepubliken und die Vereinigten Staaten von Amerika beenden hiermit ihre Rechte und Verantwortlichkeiten in bezug auf Berlin und Deutschland als Ganzes. Als Ergebnis werden die entsprechenden, damit zusammenhängenden vierseitigen Vereinbarungen, Beschlüsse und Praktiken beendet und alle entsprechenden Einrichtungen der Vier Mächte aufgelöst.

(2) Das vereinte Deutschland hat demgemäß volle Souveränität über seine inneren und äußeren Angelegenheiten.

———————— Artikel 8 ————————

(1) Dieser Vertrag bedarf der Ratifikation oder Annahme, die so bald wie möglich herbeigeführt werden soll. Die Ratifikation erfolgt auf deutscher Seite durch das vereinte Deutschland. Dieser Vertrag gilt daher für das vereinte Deutschland.

(2) Die Ratifikations- oder Annahmeurkunden werden bei der Regierung des vereinten Deutschland hinterlegt. Diese unterrichtet die Regierungen der anderen [v]ertragschließenden Seiten von der Hinterlegung jeder Ratifikations- oder Annahmeurkunde.

—————— **Artikel 9** ——————

Dieser Vertrag tritt für das vereinte Deutschland, die Französische Republik, das Vereinigte Königreich Großbritannien und Nordirland, die Union der Sozialistischen Sowjetrepubliken und die Vereinigten Staaten von Amerika am Tag der Hinterlegung der letzten Ratifikations- oder Annahmeurkunde durch diese Staaten in Kraft.

—————— **Artikel 10** ——————

Die Urschrift dieses Vertrages, dessen deutscher, englischer, französischer und russischer Wortlaut gleichermaßen verbindlich ist, wird bei der Regierung der Bundesrepublik Deutschland hinterlegt, die den Regierungen der anderen [v]ertragschließenden Seiten beglaubigte Ausfertigungen übermittelt.

Zu Urkund dessen haben die unterzeichneten, hierzu gehörig Bevollmächtigten diesen Vertrag unterschrieben.

Geschehen zu Moskau am 12. September 1990

Für die Bundesrepublik Deutschland
Hans-Dietrich Genscher

Für die Deutsche Demokratische Republik
Lothar de Maizière

Für die Französische Republik
Roland Dumas

Für das Vereinigte Königreich Großbritannien
und Nordirland
Douglas Hurd

Für die Union der Sozialistischen Sowjetrepubliken
Eduard Schewardnadse

Für die Vereinigten Staaten von Amerika
James A. Baker III[11]

Für unsere weitere Betrachtung wird vor allem Artikel 2 von
Bedeutung sein. Zusätzlich gab es noch eine nicht minder wichtige Protokollnotiz. Sie lautete:

Vereinbarte Protokollnotiz zu dem Vertrag über die abschließende Regelung in bezug auf Deutschland vom 12. September 1990

Alle Fragen in bezug auf die Anwendung des Wortes »verlegt«, wie es im letzten Satz von Artikel 5 Abs. 3 gebraucht
wird, werden von der Regierung des vereinten Deutsch-

land in einer vernünftigen und verantwortungsbewußten Weise entschieden, wobei sie die Sicherheitsinteressen jeder Vertragspartei, wie dies in der Präambel niedergelegt ist, berücksichtigen wird.[12]

Das unscheinbar klingende Wort »verlegt« sollte Jahre später für großen Wirbel sorgen und Putin – aus seiner Sicht – den Grund für den Einmarsch in die Ukraine geben (siehe Kapitel »Worte sind nur Schall und Rauch«).

Die Außenminister der Bundesrepublik Deutschland (BRD) und der Deutschen Demokratischen Republik (DDR) verfassten am 14. September 1990 gemeinsam noch einen Brief an die Außenminister der vier Mächte, in dem sie die gegenseitigen innerdeutschen Abmachungen bekannt gaben. Hier der Inhalt (Hervorhebungen durch den Autor):

Gemeinsamer Brief des Bundesministers des Auswärtigen, Hans-Dietrich Genscher, und des amtierenden Außenministers der DDR, Ministerpräsident Lothar de Maizière, an die Außenminister der Sowjetunion, Frankreichs, Großbritanniens und der Vereinigten Staaten im Zusammenhang mit der Unterzeichnung des Vertrages über die abschließende Regelung in Bezug auf Deutschland in der Fassung der Veröffentlichung des Bulletins Nr. 109 des Presse- und Informationsamts der Bundesregierung vom 14. September 1990

Herr Außenminister, im Zusammenhang mit der heutigen Unterzeichnung des Vertrages über die abschließende Regelung in Bezug auf Deutschland möchten wir Ihnen mitteilen, daß **die Regierungen der Bundesrepublik Deutschland und der Deutschen Demokratischen Republik in den Verhandlungen folgendes dargelegt** haben:

1. Die Gemeinsame Erklärung der Regierungen der Bundesrepublik Deutschland und der Deutschen Demokratischen Republik zur Regelung offener Vermögensfragen vom 15. Juni 1990 enthält unter anderem folgende Aussagen: »**Die Enteignungen auf besatzungsrechtlicher bzw. besatzungshoheitlicher Grundlage (1945 bis 1949) sind nicht mehr rückgängig zu machen.** Die Regierungen der Sowjetunion und der Deutschen Demokratischen Republik sehen keine Möglichkeit, die damals getroffenen Maßnahmen zu revidieren. **Die Regierung der Bundesrepublik Deutschland nimmt dies im Hinblick auf die historische Entwicklung zur Kenntnis.** Sie ist der Auffassung, daß einem künftigen gesamtdeutschen Parlament eine abschließende Entscheidung über etwaige staatliche Ausgleichsleistungen vorbehalten bleiben muß.« Gemäß Artikel 41 Absatz 1 des Vertrages zwischen der Bundesrepublik Deutschland und der Deutschen Demokratischen Republik über die Herstellung der Einheit Deutschlands vom 31. August 1990 (Einigungsvertrag) ist die genannte Gemeinsame Erklärung Bestandteil dieses Vertrages. Gemäß Artikel 41 Absatz 3 des

Einigungsvertrages wird die Bundesrepublik Deutschland keine Rechtsvorschriften erlassen, die dem oben zitierten Teil der Gemeinsamen Erklärung widersprechen.

2. Die auf deutschem Boden errichteten Denkmäler, die den Opfern des Krieges und der Gewaltherrschaft gewidmet sind, werden geachtet und stehen unter dem Schutz deutscher Gesetze. Das Gleiche gilt für die Kriegsgräber, sie werden erhalten und gepflegt.

3. Der Bestand der freiheitlich-demokratischen Grundordnung wird auch im vereinten Deutschland durch die Verfassung geschützt. Sie bietet die Grundlage dafür, daß **Parteien**, die nach ihren Zielen oder nach dem Verhalten ihrer Anhänger darauf ausgehen, die freiheitlich-demokratische Grundordnung zu beeinträchtigen oder zu beseitigen, sowie Vereinigungen, die sich gegen die verfassungsmäßige Ordnung oder gegen den Gedanken der Völkerverständigung richten, **verboten werden können**. Dies betrifft auch Parteien und Vereinigungen mit nationalsozialistischen Zielsetzungen.

4. Zu den Verträgen der Deutschen Demokratischen Republik ist in Artikel 12 Absatz 1 und 2 des Vertrages zwischen der Bundesrepublik Deutschland und der Deutschen Demokratischen Republik über die Herstellung der Einheit Deutschlands vom 31. August 1990 folgendes vereinbart worden: »Die Vertragsparteien sind sich einig, daß die völkerrechtlichen Verträge der Deutschen Demokratischen Republik im Zuge der Herstellung der Einheit Deutschlands unter den Gesichtspunkten des Vertrauensschutzes, der Interessenlage der beteiligten Staaten und der vertraglichen Verpflichtungen der Bundesrepublik Deutschland sowie nach den Prinzipien einer freiheitlichen, demokratischen und rechtsstaatlichen Grundordnung und unter Beachtung der Zuständigkeiten der Europäischen Gemeinschaften mit den Vertragspartnern der Deutschen Demokratischen Republik zu erörtern sind, um ihre Fortgeltung, Anpassung oder ihr Erlöschen zu regeln beziehungsweise festzustellen.

Das vereinte Deutschland legt seine Haltung zum Übergang völkerrechtlicher Verträge der Deutschen Demokratischen Republik nach Konsultationen mit den jeweiligen Vertragspartnern und mit den Europäischen Gemeinschaften, soweit deren Zuständigkeiten berührt sind, fest.«

Mit dem Ausdruck unserer ausgezeichneten Hochachtung

Hans-Dietrich Genscher
Lothar de Maizière[13]

Damit ist der Zwei-plus-Vier-Vertrag der wichtigste Vertrag für die Wiedervereinigung Deutschlands, die endgültige Grenzziehung, dessen innere und äußere Souveränität und zugleich eine Art Friedensabkommen.

II. Warum Deutschland nie einen Friedensvertrag haben wird

Immer wieder erhalten der Verlag und ich persönlich Zuschriften, in denen aufmerksame Leser nachfragen, **weshalb** Deutschland 79 Jahre nach Ende des Zweiten Weltkrieges noch keinen Friedensvertrag abgeschlossen hat.

Die offizielle Version lautet, dass dies nicht mehr nötig sei, denn der Zwei-plus-Vier-Vertrag markiere die rechtlich notwendige Friedensregelung mit Deutschland. Zudem sei Deutschland (einschließlich Berlin) nun endgültig von besatzungsrechtlichen Beschränkungen befreit.[14] Der Zwei-plus-Vier-Vertrag gelte außerdem als maßgeblicher Beitrag zur Friedensordnung in Europa,[15] dessen Rechtswirkungen als »Statusvertrag«[16] sich auch auf dritte Staaten erstrecke.[17]

Für Großbritannien, die USA, Frankreich und die Sowjetunion war die Annahme des Zwei-plus-Vier-Vertrages die Voraussetzung zur vollständigen deutschen Souveränität, da seit der Niederlage im Jahr 1945 kein gesonderter Friedensvertrag abgeschlossen worden war. Demzufolge heißt es auch in Artikel 7, Absatz 2:

»Das vereinte Deutschland hat demgemäß volle Souveränität über seine inneren und äußeren Angelegenheiten.«[18]

Für den Rechtswissenschaftler Klaus Stern ist ein gesonderter Friedensvertrag deshalb **nicht** mehr nötig. Er schreibt:

»Ein zusätzlicher Friedensvertrag ist daher weder geplant noch macht er Sinn. Alles, was ein Friedensvertrag füglich enthalten sollte, ist mithin geregelt. Der Zwei-plus-Vier-Vertrag ersetzt damit kraft seines auf mehr als Frieden gerichteten Inhalts jeden Friedensvertrag mit den Kriegsgegnern.«[19]

Tatsächlich ist nach dem Völkerrecht ein Friedensvertrag nicht die einzige Möglichkeit, einen Krieg zu beenden. Dieser kann auch durch einseitige Erklärungen,[20] Teilregelungen oder einfach durch die Wiederaufnahme der friedlichen Beziehungen erfolgen.[21]

HINTERGRUND

Die Alliierten beendeten den »Kriegszustand« mit Deutschland erst in den Jahren 1951–1955

Das **Vereinigte Königreich** (einschließlich der Staaten des britischen Commonwealth) und **Frankreich** gaben jeweils am **9. Juli 1951** die Beendigung des Kriegszustandes mit Deutschland bekannt.[22]

Die **Vereinigten Staaten** folgten in einer gemeinsamen Resolution des Senats und des Repräsentantenhauses vom **19. Oktober 1951**. US-Präsident Harry S. Truman bestätigte und erklärte am **24. Oktober 1951** den Krieg mit Deutschland offiziell für beendet.[23] Bis zum Jahr 1951 hatten weitere 46 Staaten den Kriegszustand aufgehoben.[24]

Die Sowjetunion beendete den Kriegszustand mit Deutschland durch Erlass des Präsidiums des Obersten Sowjets vom 25. Januar 1955,[25] also rund 10 Jahre nach Ende des Zweiten Weltkrieges.

Keine Reparationszahlungen mehr

Im Herbst/Winter 1989/1990 war die Wiedervereinigung in greifbarer Nähe. Der damalige Staatssekretär im Auswärtigen Amt und spätere Verhandlungsführer im Zwei-plus-Vier-Prozess, Dieter Kastrup, sagte zum Thema »Friedensvertrag« – für viele Deutsche wohl erstaunlich:

»Was von vornherein für uns ausschied, war die Verhandlung über einen Friedensvertrag.«[26]

»Wie bitte?«, werden sich viele Leser erstaunt fragen, Deutschland *wollte* gar keinen Friedensvertrag? Wie kann das sein? Kastrup begründete dies wie folgt:

»Im Wesentlichen aus drei Gründen: Ein Friedensvertrag wird üblicherweise in einem unmittelbaren zeitlichen Zusammenhang mit der Beendigung von Kampfhandlungen abgeschlossen. Seit Beendigung des Krieges waren 45 Jahre vergangen«, zudem hätte mit allen Staaten, die sich 1945 mit Deutschland im Krieg befanden, über einen solchen Friedensvertrag verhandelt werden müssen. »Wir wussten die genaue Zahl gar nicht genau. 50 oder 55 oder mehr. Verhandlungen in diesem Rahmen zu führen, man hätte sich vorstellen können, wohin das geführt hätte. Und schließlich der dritte, auch nicht ganz unwesentliche Grund war: Wir hätten dann auch über Reparationen reden müssen. Und das wollten wir nicht, weil wir der Auffassung waren, durch die europäische Zusammenarbeit und das, was die Bundesrepublik Deutschland in diesem Zusammenhang an Leistungen erbracht hatte, hatte sich das Thema Reparationen überholt.«[27]

Margaret Thatcher wollte jedoch einen »Friedensvertrag«, wurde aber von ihrem Foreign Office überzeugt, dass dies ökonomisch keinen Sinn mache.[28]

Etliche europäische Staaten meldeten Mitspracherechte an. Doch die bundesdeutsche Regierung wollte den Kreis klein halten. Kastrup:

»Wenn es zwei Väter gibt für den Erfolg dieser Formel, die dann als Zwei-plus-Vier in die Geschichte eingegangen ist, dann sind es Hans-Dietrich Genscher und sein amerikanischer Kollege James Baker, dem es gelungen ist, nicht nur die Sowjets, sondern auch die Franzosen und Engländer davon zu überzeugen, dass dieses das richtige Format ist.«[29]

Durchaus strittige Punkte, wie die NATO-Mitgliedschaft eines vereinigten Deutschlands, die Anerkennung der Oder-Neiße-Grenze zu Polen, der Abzug der alliierten und vor allem der sowjetischen Truppen, wurden bis Juli 1990 geklärt. Die USA mit ihrem Präsidenten George Bush spielten eine wichtige Rolle in den Verhandlungen und stärkten die deutschen Positionen.[30] Kastrup:

»Ohne diese tatkräftige amerikanische Unterstützung wäre die Vereinigung nicht so und nicht so schnell gekommen, wie sie tatsächlich gekommen ist.«[31]

Besonders die NATO-Mitgliedschaft des vereinten Deutschlands war bis zuletzt ein strittiger Punkt gewesen. Noch bis in den Frühling 1990 hinein pochten die Sowjets nämlich darauf, dass Deutschland neutral bleiben müsse.[32] Doch Bush und Gorbatschow einigten sich darauf, dass das wiedervereinte Deutschland (mit den Einschränkungen, die im Zwei-plus-Vier-Vertrag später festgeschrieben wurden) nicht neutral, sondern im Rahmen des Transatlantischen Verteidigungsbündnisses, in die NATO aufgenommen werden sollte.

Den Zwei-plus-Vier-Vertrag anstatt eines Friedensvertrages zu unterzeichnen, hatte also den Vorteil, Reparationsforderungen einzelner Drittstaaten **nicht** nachkommen zu müssen. Staatssekretär Friedrich Voss argumentierte genauso: An einem Friedensvertrag könne man »aus finanziellen Erwägungen kein Interesse haben«. Dieser »hätte zwangsläufig alle früheren Kriegsgegner des Deutschen Reiches als potenzielle Vertragspartner auf den Plan gerufen [...]«, woran aber weder die vier Mächte noch die beiden deutschen Staaten ein Interesse haben konnten.[33]

Nach Ansicht des Rechtswissenschaftlers Helmut Quaritsch überwog das Argument, dass die vier Mächte USA, Frankreich, Großbritannien und UdSSR die **ausschließliche Kompetenz über Deutschland** als Ganzes innehatten. Dadurch konnten die Deutschen die unmittelbare Beteiligung anderer Staaten an der vertraglichen »abschließenden Regelung in bezug auf Deutschland« verhindern. Denn die Beteiligung der europäischen Nachbarn, aller 35 KSZE-Staaten oder sogar der 65 Kriegsgegner des Zweiten Weltkrieges hätte das Verfahren unzuträglich verlängert; weitere Beteiligte hätten ihre Zustimmung vermutlich zudem gern an die Erfüllung alter und neuer Reparationsforderungen geknüpft.[34] Quaritsch:

»Insofern war der Zwei-plus-Vier-Vertrag ein Friedensvertrag, auch wenn die offene Kennzeichnung vermieden wurde, um die Reduzierung der Vertragspartner auf die vier Mächte zu rechtfertigen [...]. Die deutsche Zustimmung zu den ›Regelungen‹ des

Zwei-plus-Vier-Vertrages war die Voraussetzung für die Aufhebung der Viermächtekompetenzen.«[35]

Am 21. März 1990 hieß es in einem internen Papier des Auswärtigen Amtes deshalb folgerichtig:

»45 Jahre nach Beendigung des Zweiten Weltkriegs und weit über 30 Jahre nach der von den Alliierten zu unterschiedlichen Zeiten erklärten Beendigung des Kriegszustandes, nach Jahrzehnten friedlicher und vertrauensvoller und fruchtbarer Zusammenarbeit der Bundesrepublik Deutschland mit der internationalen Staatengemeinschaft und nach umfangreichen für die Regelung der Kriegsfolgen erbrachten Leistungen hat die Reparationsfrage ihre Berechtigung verloren.«[36]

Dieser Standpunkt war jedoch – wie oben schon angedeutet – ein »völkerrechtlicher Spagat«.[37] Auf der Londoner Schuldenkonferenz[38] im Jahr 1952 und im Überleitungsvertrag von 1954 hatte die Bundesregierung nämlich erklärt, die endgültige Reparationsfrage könne erst im Rahmen einer friedensvertraglichen Regelung erfolgen.[39]

Der Parlamentarische Staatssekretär beim Bundesminister der Finanzen, Karl Diller (SPD), beantwortete im Auftrag der Bundesregierung die Frage der Reparationen im Zusammenhang mit dem Zwei-plus-Vier-Vertrag im Januar 2003 wie folgt (Hervorhebungen durch den Autor):

»Nach dem Zweiten Weltkrieg hat es – zumindest für die Bundesrepublik Deutschland – keine dem Versailler Vertrag vergleichbaren Reparationsregelungen und damit auch keine nachvollziehbaren längerfristigen Reparationszahlungen gegeben. Vielmehr haben die **Siegermächte einseitig Reparationen entnommen, die insgesamt gesehen ein Mehrfaches des von**

**der Potsdamer Konferenz ursprünglich in Aussicht genomme-
nen Gesamtumfangs ausmachen.**[40] Im Rahmen der Deutschen
Einigung wurde der Vertrag über die abschließende Regelung in
Bezug auf Deutschland – der sogenannte Zwei-plus-Vier-Vertrag – geschlossen. Die Bundesregierung hat diesen Vertrag in
dem Verständnis abgeschlossen, dass damit auch die **Reparationsfrage endgültig erledigt** ist. **Der Zwei-plus-Vier-Vertrag
sieht keine weiteren Reparationen vor.**«[41]

Hans-Dietrich Genscher, Bundesminister des Auswärtigen
a. D., schrieb in seinen Memoiren (Hervorhebungen durch den
Autor):

»Die mir nicht unwillkommene Debatte nutzte ich dazu, das
stillschweigende Einverständnis der Vier, es werde keinen Friedensvertrag und keine friedensvertragsähnliche Regelung mehr
geben, offenkundig zu machen: ›Die Bundesregierung schließt
sich der Erklärung der vier Mächte an und stellt dazu fest, dass
die in der Erklärung der vier Mächte erwähnten Ereignisse und
Umstände nicht eintreten werden, nämlich **dass ein Friedensvertrag oder eine friedensvertragsähnliche Regelung nicht
beabsichtigt sind.**‹ Für das Protokoll erklärte der französische
Außenminister, der den Vorsitz führte: ›Ich stelle Konsens fest.‹
Damit war einvernehmlich niedergelegt, dass weder das Potsdamer Abkommen noch die Pariser Verträge der alten Bundesrepublik mit den drei Westmächten in Zukunft als Grundlage für
die Forderung nach einem Friedensvertrag dienen konnten. **Die
Forderung nach einem Friedensvertrag konnte also definitiv
nicht mehr erhoben werden** – damit war **uns auch die Sorge
vor unübersehbaren Reparationsforderungen von den Schul-
tern** genommen.«[42]

Horst Teltschik, ehemaliger Berater von Helmut Kohl, brachte es im Jahr 2015 im Deutschlandfunk auf den Punkt (Hervorhebungen durch den Autor):

»[…] denn **wir wollten ja keinen Friedensvertrag.** Wir hatten ja schon im Herbst die Anfrage aus Moskau, ob die Bundesregierung möglicherweise bereit sein könnte zu einem Friedensvertrag. **Wir haben einen Friedensvertrag von vornherein abgelehnt – nicht zuletzt wegen der Gefahr von Reparationsforderungen.**«[43]

Da es keinen »Friedensvertrag« gab, musste die Frage der deutsch-polnischen Grenze in einem eigenen Vertrag abschließend geregelt werden. Am 14. November 1990 trat deshalb der deutsch-polnische Grenzvertrag in Kraft, der die polnische Westgrenze endgültig **völkerrechtlich** festschrieb.[44]

HINTERGRUND

Völkerrechtssubjekt »Deutsches Reich«

»Das **Bundesverfassungsgericht** hat in ständiger Rechtsprechung festgestellt, dass das Völkerrechtssubjekt **»Deutsches Reich« nicht untergegangen** und die Bundesrepublik Deutschland nicht sein Rechtsnachfolger, **sondern mit ihm als Völkerrechtssubjekt identisch ist.**«[45]

Anmerkung: Dieses Thema ist weitgefächert und kompliziert, sodass es in dieser Publikation nicht abschließend besprochen und bewertet werden kann. Ich verweise daher auf das Buch von Karl Albrecht Schachtschneider: *Die Souveränität Deutschlands: Souverän ist, wer frei ist*, Rottenburg 2012.

Zum Thema Zwei-plus-Vier-Vertrag sind noch zwei weitere Gerichtsurteile interessant:

- **5. November 1997:** Das Landgericht Bonn, das den Vertrag als Ersatz-Friedensvertrag betrachtete, vertrat in einer Entscheidung die Auffassung, es werde **keine andere Regelung,** die »Friedensvertrag« genannt werden kann, mehr geben. Der Vertrag stelle die volle Souveränität Deutschlands wieder her.[46]

- **26. Juni 2003:** Der Bundesgerichtshof äußerte sich in einem Urteil aus dem Jahr 2003 wie folgt: »Der Zwei-plus-Vier-Vertrag mag zwar nicht als Friedensvertrag im herkömmlichen Sinne, der üblicherweise die Beendigung des Kriegszustandes, die Aufnahme friedlicher Beziehungen und eine umfassende Regelung der durch den Krieg entstandenen Rechtsfragen erfaßt, zu qualifizieren sein. Er hatte aber erklärtermaßen das Ziel, eine abschließende Regelung in bezug auf Deutschland herbeizuführen, und es wurde deutlich, daß es weitere (friedens-)vertragliche Regelungen über rechtliche Fragen im Zusammenhang mit dem Zweiten Weltkrieg nicht geben wird.«[47]

Der Zwei-plus-Vier-Vertrag »ersetzt« nach dieser **deutschen** Rechtsprechung also einen Friedensvertrag für Deutschland.

Ausländische Experten sehen das differenzierter: Chantal Metzger, emeritierte Professorin für Zeitgeschichte an der Universität Lothringen, erklärte gegenüber der AFP, dass der Zwei-plus-Vier-Vertrag – wenn er auch einem Friedensvertrag ähnele – nicht den Titel eines solchen habe.[48]

Die französische Historikerin Hélène Miard-Delacroix betonte, da es am Ende des Zweiten Weltkrieges keinen Friedensvertrag gab und der internationale Status Deutschlands ein besonderer war, könne man davon ausgehen, dass der Zwei-plus-Vier-Vertrag, indem er diesem Zustand ein Ende setzte, die Funktion erfülle, die man von einem Friedensvertrag erwarte:

»Allerdings enthält er nicht die Klauseln eines Friedensvertrags, er trägt nicht dessen Namen und erwähnt insbesondere nicht die Frage möglicher Reparationen.«[49]

Bernhard Blumenau, außerordentlicher Professor für internationale Geschichte und Politik an der University of St. Andrews in Großbritannien, erläuterte:

»Der praktische Zweck dieses Vertrages bestand darin, als Friedensvertrag zwischen den ehemaligen Feinden des Zweiten Weltkriegs zu fungieren, da kein Friedensvertrag unterzeichnet worden war.« Aus rechtlicher Sicht sei es jedoch kein Friedensvertrag. Es wäre jedoch anachronistisch gewesen, ein solches Dokument 1990, erst 45 Jahre nach dem Ende des Zweiten Weltkrieges, zu unterzeichnen.[50]

III. Deutschland und die Feindstaatenklausel

Die Charta der Vereinten Nationen enthält nach wie vor eine Feindstaatenklausel (*enemy states*), die sich vor dem Hintergrund des Zweiten Weltkrieges auf Deutschland und Japan bezieht.

Rückblick: Am 11. Mai 1945 billigte US-Präsident Truman die Direktive JCS 1067. Darin heißt es unmissverständlich (Hervorhebungen durch den Autor): »**Deutschland** wird nicht **besetzt** zum Zwecke seiner Befreiung, sondern als ein **besiegter Feindstaat.** Ihr Ziel ist nicht die Unterdrückung, sondern die Besetzung Deutschlands, **um gewisse wichtige alliierte Absichten zu verwirklichen.**«[51]

In der Charta der Vereinten Nationen (UN) wurden nicht umsonst die Feindstaatenklauseln aufgenommen. Die Klauseln, ein Passus in den Artikeln 53, 77 und 107[52] der Charta besagen, dass gegen Feindstaaten des Zweiten Weltkrieges von den Unterzeichnerstaaten Zwangsmaßnahmen **ohne** besondere Ermächtigung durch den UN-Sicherheitsrat verhängt werden können. Voraussetzung: Die Feindstaaten verfolgen erneut eine aggressive Politik. Dies schließt auch militärische Interventionen der UN mit ein.

UN-Charta Artikel 53

(1) Der Sicherheitsrat nimmt gegebenenfalls diese regionalen Abmachungen oder Einrichtungen zur Durchführung von Zwangsmaßnahmen unter seiner Autorität in Anspruch. Ohne Ermächtigung des Sicherheitsrats dürfen Zwangsmaßnahmen auf Grund regionaler Abmachungen oder seitens regionaler Einrichtungen nicht ergriffen werden; ausgenommen sind Maßnahmen gegen einen Feindstaat im Sinne des Absatzes 2, soweit sie in Artikel 107 oder in regionalen, gegen die Wiederaufnahme der Angriffspolitik eines solchen Staates gerichteten Abmachungen vorgesehen sind; die Ausnahme gilt, bis der Organisation auf Ersuchen der beteiligten Regierungen die Aufgabe zugewiesen wird, neue Angriffe eines solchen Staates zu verhüten.

(2) Der Ausdruck »Feindstaat« in Absatz 1 bezeichnet jeden Staat, der während des Zweiten Weltkriegs Feind eines Unterzeichners dieser Charta war.[53]

Wie wir gesehen haben, heißt es in Artikel 53 ausdrücklich: »Der Ausdruck ›Feindstaat‹ in Absatz 1 bezeichnet jeden Staat, der während des Zweiten Weltkriegs Feind eines Unterzeichners dieser Charta war«[54], demzufolge das Deutsche Reich und das Japanische Kaiserreich.

Artikel 106 bezieht sich bis heute auf die am 30. Oktober 1943 in Moskau unterzeichnete Vier-Mächte-Erklärung, in der die Alliierten bereits die Leitlinien ihrer Besatzungspolitik darlegten, sollte das Deutsche Reich den Krieg verlieren. Dazu gehörten unter anderem die Entmilitarisierung Deutschlands sowie

die Verhaftung von führenden Nationalsozialisten und Kriegs-
verbrechern.[55] Entsprechend lautet Artikel 107 der UN-Charta:

UN-Charta Artikel 107

Maßnahmen, welche die hierfür verantwortlichen Regierungen als
Folge des Zweiten Weltkriegs in Bezug auf einen Staat ergreifen oder
genehmigen, der während dieses Krieges Feind eines Unterzeich-
nerstaats dieser Charta war, werden durch diese Charta weder außer
Kraft gesetzt noch untersagt.[56]

Die Klauseln schufen ein Sonderrecht der Staaten der Anti-Hitler-
Koalition gegen das Deutsche Reich und seine damaligen Verbündeten (Japan, Bulgarien, Finnland, Italien, Rumänien, Ungarn).
Doch die anderen Staaten wurden später in die UN aufgenommen
und waren Mitunterzeichner der Charta, weswegen sie nicht mehr
als »Feindstaaten« galten. Österreich und Korea wurden ausgenommen, da sie von Deutschland und Japan »annektiert« worden
waren. Für die Maßnahmen gegen diese »Feinde« war die UN
nicht mehr zuständig. Zudem wurde den »Feindstaaten« das Recht
verweigert, bei Streitigkeiten die Vereinten Nationen anzurufen.

Deutschland bleibt als »Feindstaat« übrig

Unter Völkerrechtlern ist umstritten, ob Japan noch als »Feindstaat« gilt. Zwar ist Japan seit 1950 Mitglied der UN, aber nur
die Westmächte hatten 1951 einen Friedensvertrag mit Tokio

abgeschlossen,[57] die Sowjetunion jedoch nicht.[58] Deutschland bleibt nach der UN-Charta also de facto noch als **einziger** »Feindstaat« übrig.

Die Feindstaatenklauseln hatten für die Bundesrepublik durchaus praktische Auswirkungen: Bei der Berlin-Blockade 1948/1949 vertrat die Sowjetunion vor dem UN-Sicherheitsrat die Auffassung, die Vereinten Nationen seien nicht zuständig, da es sich bei den Aktionen der sowjetischen Regierung um Maßnahmen gegen einen »Feindstaat« handele, die von Artikel 107 der UN-Charta gedeckt seien. Die Westmächte widersprachen, da es sich bei der Blockade nicht nur um eine gegen Deutschland gerichtete Maßnahme handelte, sondern um einen Konflikt zwischen der Sowjetunion und den drei Westalliierten.[59]

In einem Memorandum, das am 21. November 1967 den Westmächten übergeben wurde, berief sich die Sowjetunion erneut darauf, dass die Feindstaatenklauseln auch nach dem Austausch von Erklärungen über den Gewaltverzicht noch ein Interventionsrecht in innere Angelegenheiten der Bundesrepublik Deutschland beinhalteten. Die Westalliierten wiesen die Moskauer Ansprüche zurück.[60] Ein **einseitiges** Interventionsrecht ließe sich nicht herleiten. Dabei ließen die Westmächte offen, ob sie ein gemeinsames Vorgehen aufgrund der Feindstaatenklauseln für möglich hielten.

»Obsolet« oder doch nicht?

Die Feindstaatenklauseln wurden in den Jahren 1995 und 2005 von offizieller deutscher Seite für »obsolet« erklärt. Die Wissenschaftlichen Dienste des Deutschen Bundestages haben mit der

Drucksache »Zur Feindstaatenklausel in der Charta der Vereinten Nationen« (WD 2 – 3000-147/07)[61] Stellung zu diesem Thema genommen. Darin heißt es: »Die offizielle Haltung der Bundesregierung geht aus Anhang (1) hervor.« Ich zitiere daraus (Auszug, Hervorhebungen durch den Autor):

»Die sogenannten ›**Feindstaatenklauseln**‹ sind bis heute Bestandteil der Charta der Vereinten Nationen. **Die Bundesregierung hat jedoch stets die Auffassung vertreten, dass die Feindstaatenklauseln spätestens mit dem Beitritt der beiden deutschen Staaten zu den Vereinten Nationen obsolet geworden sind.** Die Tatsache, dass die Bundesrepublik Deutschland bereits vier Mal dem Sicherheitsrat angehört und einen Präsidenten der Generalversammlung gestellt hat, zeigt, dass Deutschland in den Vereinten Nationen die vollen Rechte eines gleichberechtigten Staates ausübt. Die 50. Generalversammlung der Vereinten Nationen hat am 11. Dezember 1995 im Konsens eine Resolution verabschiedet, die in ihrer Präambel diese Auffassung ausdrücklich bestätigt […]. Das von den Staats- und Regierungschefs verabschiedete Dokument des Gipfels vom September 2005 (A/RES/60/1) enthält den **Beschluss**, die Bezüge zu ›enemy states‹ in den Artikeln 53, 77 und 107 der Charta der Vereinten Nationen zu streichen.«[62]

Genau das ist aber das Problem, denn die »Streichung« der Feindstaatenklauseln aus dem Text der Charta erfordert eine Änderung der Charta nach dem dafür vorgeschriebenen Verfahren. Das sieht einen mit Zweidrittelmehrheit gefassten **Beschluss** zur Änderung der Charta und seine anschließende Ratifikation durch ebenfalls zwei Drittel der Mitgliedsstaaten vor. Die Feindstaatenklausel steht aber bis heute in der UN-

Charta, trotz »Beschluss«, sie sei »obsolet«. Die Wissenschaftlichen Dienste dazu:

»Die Bundesregierung wird dieses Anliegen bei der nächsten Änderung der Charta einbringen. Eine deutsche Forderung nach einer Charta-Änderung ausschließlich zur Streichung der Feindstaatenklauseln würde hingegen in einem gewissen Gegensatz zu der erwähnten Rechtsauffassung der Bundesregierung stehen, dass die Feindstaatenklauseln bereits jetzt nicht mehr gelten.«[63]

Auf dem UN-Gipfeltreffen des Jahres 2005 gaben die Staats- und Regierungsoberhäupter im Abschlussdokument (A/RES/ 60/1) dem »Willen« Ausdruck, die Streichung der hinfälligen Klauseln ins Auge zu fassen.[64] Aber das wird nur im Rahmen eines Gesamtpaketes und aufgrund des aufwendigen Verfahrens nicht gesondert geschehen.

»Die Bundesrepublik Deutschland sieht aufgrund der einschlägigen Resolution der VN-Generalversammlung zu einem gesonderten Verfahren keinen Anlass«, schreiben die Wissenschaftlichen Dienste.[65]

Im Jahr 2017 befassten sich die Wissenschaftlichen Dienste noch einmal mit dem Thema »Feindstaatenklausel«. Ihre Auffassungen waren im Prinzip dieselben wie 2005, allerdings mit dem Hinweis, dass die »Völkerrechtslehre einhellig davon aus(geht), dass die Feindstaatenklausel heute keine praktische Relevanz mehr hat. Dies gilt umso mehr, als mit dem sog. Zwei-Plus-Vier-Vertrag vom 12.9.1990 die politisch geforderte abschließende Friedensregelung mit Deutschland verabschiedet wurde.«[66]

Abschließend: »Eine formale Streichung der Feindstaatenklausel aus der VN-Charta, die seit ihrer Verabschiedung 1945 noch nie formell geändert wurde, wäre verfahrensmäßig sehr aufwendig. Ein Änderungsverfahren ist bislang noch nicht in Angriff genommen worden und erscheint in der Sache auch nicht (mehr) notwendig.«[67]

Es gibt zu dieser Thematik aber auch andere Meinungen. Der Publizist Wolfgang Bittner schreibt:

»Diskutiert wird, ob die sich aus den genannten Artikeln ergebende Feindstaaten-Regelung durch die Mitgliedschaft Deutschlands in den Vereinten Nationen obsolet geworden ist. Aber wenn dem so wäre, hätten diese Bestimmungen schon lange gestrichen werden können. Zwar wurde Deutschland im Vereinigungsvertrag von 1990 (Zwei-plus-Vier-Vertrag) ›volle Souveränität‹ zugesprochen, aber die Vereinbarung wurde durch Zusatzverträge, zum Beispiel über Truppenstationierungen und militärische Zusammenarbeit, wieder relativiert. Da der Zwei-plus-Vier-Vertrag kein Friedensvertrag war, wie zum Teil unterstellt wird, befindet sich die Bundesrepublik Deutschland als mit dem Deutschen Reich identisches Völkerrechtssubjekt nach wie vor im Zustand des Waffenstillstands [...]. Deutschland steht seit 1945 unter Sachwalterschaft in einem permanenten Ausnahmezustand. Es ist dringend an der Zeit, sich aus dieser Vormundschaft zu befreien.«[68]

Bittner widerspricht damit der offiziellen Auffassung, dass der Zwei-plus-Vier-Vertrag de facto ein »Friedensvertrag« ist (siehe Kapitel »Warum Deutschland nie einen Friedensvertrag haben wird«).

Fakt ist jedenfalls: In der UN-Charta ist die Feindstaatenklausel bis zum heutigen Tage noch nicht gestrichen.

HINTERGRUND

Ist Deutschland noch »besetzt«?

Schon die Fragestellung klingt nach »Verschwörungstheorie«, und ich wette, würde man diese provokante Frage normalen »Mainstream-Menschen« stellen, würden 99 Prozent von ihnen sagen, dass Deutschland natürlich **nicht** mehr besetzt sei. Ist das wirklich so? Ich werde Ihnen nun Fakten präsentieren, nach deren Studium Sie Ihre eigene Einschätzung vornehmen können.

Als allererstes möchte ich auf das immer noch gültige NATO-Truppenstatut verweisen: Am 1. Juli 1963 traten für die Bundesrepublik Deutschland das »Abkommen zwischen den Parteien des Nordatlantikvertrages über die Rechtsstellung ihrer Truppen« (NATO-Truppenstatut, NTS) und das Zusatzabkommen zu diesem Abkommen (Zusatzabkommen zum NATO-Truppenstatut, ZA-NTS) in Kraft.[69] Um der seit der deutschen Einheit entstandenen veränderten Lage zu entsprechen, wurde am 18. März 1993 das »Abkommen zur Änderung des ZA-NTS« von den **sechs Staaten**, die **Truppen auf Dauer in Deutschland stationiert** hatten **(Belgien, Frankreich, Großbritannien, Kanada, die Niederlande und die Vereinigten Staaten von Amerika)**, und der Bundesrepublik Deutschland unterzeichnet und trat am 29. März 1998 in Kraft. Grund: Durch den »Vertrag über die abschließende Regelung in bezug auf Deutschland« (Zwei-plus-Vier-Vertrag) vom 12. September 1990 war das bis **dahin fortgeltende Besatzungsrecht** abgelöst.[70] Dennoch genießen ausländische Streitkräfte bis heute Sonderrechte. ➡

Dazu schreiben die Wissenschaftlichen Dienste des Deutschen Bundestages (Hervorhebungen durch den Autor):

»**Ausländische** Truppenverbände, die sich mit der Einwilligung eines anderen Landes auf dessen Staatsgebiet aufhalten, werden nach den allgemeinen Regeln des Völkerrechts als **nationale Organe des Entsendestaates behandelt**, wenn sie nicht in die militärische Organisation des Aufnahmestaates integriert oder supranational sind. [...] Sie **genießen** kraft Völkergewohnheitsrechts bei ihren hoheitlichen Maßnahmen **Immunität von der Jurisdiktion und der sonstigen Hoheitsgewalt des Aufnahmestaates**, soweit der Entsendestaat nicht auf die Immunität verzichtet hat. Mit der Zulassung fremder Streitkräfte verzichtet der Aufnahmestaat nach den allgemeinen Regeln des Völkerrechts auf die Ausübung seiner souveränen Rechte insoweit, als die Wahrung der Disziplin und Kampfbereitschaft des militärischen Verbandes dies erfordern [...]. **Vollstreckungsmaßnahmen** gegen die **Stationierungsstreitkräfte** als Organe der Entsendestaaten **kommen ebenso wenig in Betracht**, wie auch gegenüber der Bundeswehr hoheitliche Vollstreckungsmaßnahmen ausscheiden [...]. **Truppenübungsplätze, Luft-/Boden-Schießplätze, Standortübungsplätze und Standortschießanlagen** sind den [ausländischen/Anm. d. Autors, MGR] **Entsendestreitkräften teilweise zur ausschließlichen Benutzung überlassen.**«[71]

Im Klartext: Die Alliierten auf deutschem Boden sind mit ihren Truppenübungsplätzen und Anlagen weitgehend unangreifbar und genießen zudem Immunität.

Das NATO-Truppenstatut zeigt, dass bis heute die **Streitkräfte der Vereinigten Staaten mehr als 500 Quadratkilometer (!) deutschen Grund und Boden für ihre Truppen »besetzen«**.[72] Gegenwärtig sind das vor allem folgende US-Stützpunkte:

- **Stuttgart-Vaihingen:** Hauptquartier der US-Gesamtstreitkräfte für den Aufgabenbereich Europa (EUCOM).
- **Stuttgart-Möhringen:** Hauptquartier der US-Gesamtstreitkräfte für den Aufgabenbereich Afrika (mehrere Tausend US-Soldaten).
- **Wiesbaden-Erbenheim:** Das Hauptquartier der US-Heeresstreit-kräfte in Europa (ca. 2000 US-Soldaten).
- **Ramstein:** Hauptquartier der US-Luftwaffe in Europa (ca. 8000 US-Soldaten).
- **Böblingen:** Das Hauptquartier der US-Marineinfanterie in Europa und Afrika (United States Marine Forces Europe and Africa).
- **Landstuhl:** Das Lazarett der US-Heeresstreitkräfte.
- **Geilenkirchen:** NATO Air Base (Standort: AWACS-Flugzeuge).[73]
- **Kalkar:** Joint Air Power Competence Center der NATO.
- **Ulm:** Unterstützungs- und Nachschubkommando der NATO.
- **Kiel:** NATO-Exzellenzzentrum.
- **Ingolstadt:** NATO-Exzellenzzentrum.

Dazu kommen noch US-Militäreinrichtungen in **Illesheim** (ca. 1000 US-Soldaten), **Ansbach** (ca. 2000 US-Soldaten), **Vilseck** (ca. 5000 US-Soldaten), **Grafenwöhr** (ca. 3000 US-Soldaten), **Hohenfels** (ca. 1000 US-Soldaten), **Kaiserslautern** (ca. 2500 US-Soldaten), **Spangdahlem** (ca. 3000 US-Soldaten) und **Baumholder** (ca. 2000 US-Soldaten).[74]

Das Truppenstatut, das auch nach der Unterzeichnung des Zwei-plus-Vier-Vertrages weiter Bestand hat, beinhaltet zudem die Zusammenarbeit, die sich insbesondere auf die Förderung und die Wahrung der Sicherheit der Bundesrepublik, der Entsendestaaten und der Truppen erstreckt, namentlich auf die Sammlung, den Austausch und den Schutz aller Nachrichten, die für diese Zwecke von Bedeutung sind.[75]   →

In einem vertraulichen Briefwechsel hatte der damalige Bundeskanzler Konrad Adenauer den Westalliierten Mitte der 1950er-Jahre nämlich ihr Recht bekräftigt, unter gewissen Umständen die Brief- und Telefonkommunikation in Deutschland überwachen zu dürfen. Nachdem der Bundestag im Jahr 1968 das sogenannte »G-10-Gesetz« (eigentlich: Gesetz zur Beschränkung des Brief-, Post- und Fernmeldegeheimnisses)[76] beschlossen hatte (das bis heute gilt), welches die Kommunikationsüberwachung durch deutsche Sicherheitsdienste in engen Grenzen regelte, wurden die Ausspährechte der Briten, Franzosen und Amerikaner präzisiert. In einer Verwaltungsvereinbarung Bonns mit den drei Westalliierten wurde daraufhin geregelt, dass die alliierten Geheimdienste im Interesse der Sicherheit ihrer Streitkräfte den Bundesnachrichtendienst und den deutschen Verfassungsschutz um Brief- und Fernmeldekontrollen ersuchen können.[77]

Anscheinend wurden diese alliierten Ausspähsonderrechte im Jahr 2013 beendet. So jedenfalls die offizielle Version: Nach Angaben des Auswärtigen Amtes tauschten die vier betroffenen Außenministerien entsprechende Schreiben aus. Am 2. August 2013 sei mit den Briten und Amerikanern und am 6. August 2013 mit den Franzosen der Notenaustausch erfolgt, der die alten Vereinbarungen »in gegenseitigem Einvernehmen aufgelöst« habe.[78]

Die damalige Bundeskanzlerin Angela Merkel bestätigte in der *Stuttgarter Zeitung*: »Damit ist auch in diesem letzten Bereich unsere Souveränität hergestellt.«[79]

Es bleibt also festzustellen, dass Angela Merkel erst **im August 2013** (!) die **volle** Souveränität der Bundesrepublik Deutschland bekannt gab.

Abgesehen davon »besitzen« unsere »Verbündeten« im wahrsten Sinne des Wortes auch noch 79 Jahre nach Ende des Zweiten Weltkrieges deutschen Grund und Boden und genießen rechtliche Immunität.

Sieht so wirklich eine »echte« Souveränität aus?

TEIL 2

Wortbrüche

I. Es wird *keine* NATO-Osterweiterung geben[80]

Im Jahr 1999 traten die ehemaligen Warschauer-Pakt-Staaten Polen, Tschechien und Ungarn der NATO bei. Schon damals wurde dies von sowjetischer Seite aus als »Wortbruch« kritisiert, da führende Politiker von Mitgliedsstaaten der NATO im Zuge der Zwei-plus-Vier-Verhandlungen der sowjetischen Seite zugesagt hätten, die NATO werde sich **nicht** nach Osten ausdehnen, sondern man werde eine gemeinsame europäische Sicherheitsarchitektur errichten. Wladimir Putin führte am 18. März 2014 diesen Bruch westlicher Versprechen auch als Rechtfertigung für die russische Annexion der Krim an.[81]

Es ist *die* Frage, die bis heute die Gemüter erregt: Hat der Westen den Sowjets damals tatsächlich zugesagt, **keine** NATO-Osterweitung durchzuführen, und sein Versprechen danach gebrochen, so wie Putin argumentiert? – Die Antwort auf diese heikle Frage liegt weit zurück, genauer gesagt über 3 Jahrzehnte.

Rückblick: Der Fall der Mauer im Jahr 1989. Der Kalte Krieg war vorbei. Deutschland wurde ein Jahr später wiedervereinigt. Der eiserne Vorhang war Geschichte. Russlands Armee zog nach 49 Jahren wieder ab.[82]

In den Verhandlungen über die deutsche Wiedervereinigung und den Zwei-plus-Vier-Vertrag forderte die Sowjetunion, *keine* ausländischen NATO-Truppen in der ehemaligen DDR zu stationieren und dass sich die NATO *nicht* nach Osten ausdehnen sollte. Die damaligen Präsidenten der Weltmächte waren George H. W. Bush und Michail Gorbatschow. Andreas Zumach, der damals als Korrespondent für die *taz* in Genf gearbeitet hat, erinnert sich:

»Im Februar 1990 haben sowohl die Regierung der USA wie auch die Bundesregierung, damals Helmut Kohl und Außenminister Hans-Dietrich Genscher, Herrn Gorbatschow und seinem Außenminister Eduard Schewardnadse klar versprochen, es werde keine Ausdehnung der NATO nach Osten geben.«[83]

Lässt sich diese Aussage mit Fakten untermauern?

Gebrochene Zusagen

Faktensuche: Der damalige Bundesaußenminister Genscher sagte am 31. Januar 1990 in einem Vortrag vor der Evangelischen Akademie Tutzing (Hervorhebungen durch den Autor):

»Was immer im Warschauer Pakt geschieht, eine **Ausdehnung des Nato-Territoriums nach Osten, das heißt, näher an die Grenzen der Sowjetunion heran, wird es nicht geben.** [...] Der Westen muss auch der Einsicht Rechnung tragen, dass der Wandel in Osteuropa und der deutsche Vereinigungsprozess nicht zu einer Beeinträchtigung der sowjetischen Sicherheitsinteressen führen dürfen.«[84]

Frank Elbe, der zu den engsten Mitarbeitern von Genscher gehörte und von 1987 bis 1992 das Ministerbüro leitete, war 1990 Mitglied der Bonner Delegation bei den Zwei-plus-Vier-Verhandlungen über die deutsche Einheit. In einem *Spiegel*-Interview Ende Februar 2022 bestätigte er, dass er selbst mit Genschers Narrativ »Was immer im Warschauer Pakt geschieht, eine Ausdehnung des Nato-Territoriums nach Osten, das heißt, näher an die

Grenzen der Sowjetunion heran, wird es nicht geben« nach Washington geflogen sei und sich dort mit zwei engen Mitarbeitern von US-Außenminister Baker getroffen habe:

»Die Amerikaner fanden den Gedanken gut [...]. Genscher traf auf einen strahlenden Baker, der sagte, die Formel mit der Nichtausdehnung gefalle ihm und er werde dafür sorgen, dass sie im Bündnis akzeptiert werde.«[85]

Auf die Frage, dass manche Beobachter meinten, Genschers Vorschlag habe sich *nur* auf die DDR bezogen, antwortete der Zeitzeuge Elbe:

»Das ist falsch. Das würde ich sogar unter Eid aussagen [...]. Sowohl Baker wie auch Genscher haben Anfang Februar 1990 den Vorschlag im Kreml präsentiert.«[86]

Ein deutscher Aktenvermerk gibt Genschers Aussage gegenüber dem sowjetischen Außenminister Eduard Schewardnadse so wieder:

»›Für uns steht fest: Die NATO werde sich nicht nach Osten ausdehnen‹. Das gelte ›ganz generell‹. Schewardnadse soll entgegnet haben, er glaube ›allen Worten‹ Genschers.«[87]

Frank Elbe:

»Das ist korrekt. Ich war dabei. Aus der Formulierung ›ganz generell‹ können Sie entnehmen, dass es sich eben nicht nur um die DDR handelte.«[88]

Ich stelle fest: Sowohl der amerikanische als auch der deutsche Außenminister *sagten* dem russischen Außenminister im Kreml *zu*, dass es »generell« *keine* NATO-Osterweiterung geben würde.

Bei einem Pressestatement am 2. Februar 1990 wiederholte Genscher dies in der Öffentlichkeit. Neben ihm stand der damalige US-Außenminister Baker. Originalton (Hervorhebungen durch den Autor):

»Wir waren uns einig, dass **nicht** die Absicht besteht, das NATO-Verteidigungsgebiet **auszudehnen nach Osten.** Das gilt übrigens **nicht nur in Bezug auf die DDR,** die wir dann nicht einverleiben wollen, sondern **das gilt ganz generell.**«[89]

Genschers Worte, mit Zustimmung des US-Außenministers, die heute noch jeder nachhören und nachschauen kann, waren ein klares Versprechen an die Russen. Klarer geht es nicht.

Am 9. Februar 1990 versprach auch US-Außenminister Baker dem russischen Präsidenten Gorbatschow: Wenn die USA ihre Präsenz in Deutschland im Rahmen der NATO behalte, werde deren Militärhoheit »nicht einen Zoll in östliche Richtung ausgedehnt« werden.[90]

Doch später sollte Baker genau das Gegenteil behaupten. Aber es existiert eine stichwortartige Notiz über das Gespräch, die als Zusage verstanden werden kann, eine NATO-Osterweiterung nicht zuzulassen.[91]

Die Versprechungen gingen noch weiter: Am 11. April 1990 sagte der britische Außenminister Douglas Hurd beim Staatsbesuch in Moskau zu Gorbatschow, sein Land erkenne die Wichtigkeit an, »nichts zu tun, was sowjetischen Interessen und sowjetische Würde beeinträchtige«.[92]

Ein Archivfund aus dem Jahr 2022 bestätigte die russische Sicht des Versprechens der Nichtausdehnung der NATO. Der US-Politikwissenschaftler Joshua Shifrinson hatte ein ehemals als »geheim« eingestuftes Dokument gefunden. Es handelt von einem Treffen der Politischen Direktoren der Außenministerien der USA, Großbritanniens, Frankreichs und Deutschlands in Bonn am 6. März 1991. Thema: »Die Sicherheit Polens und anderer osteuropäischer Staaten.« Bonns Vertreter Jürgen Chrobog erklärte laut Vermerk:

»Wir haben in den Zwei-plus-Vier-Verhandlungen deutlich gemacht, dass wir die Nato nicht über die Elbe[93] hinaus ausdehnen. Wir können daher Polen und den anderen keine NATO-Mitgliedschaft anbieten.«[94]

Damals lehnten auch Briten, Franzosen und Amerikaner eine NATO-Mitgliedschaft der Osteuropäer ab. US-Vertreter Raymond Seitz sagte:

»Wir haben gegenüber der Sowjetunion klargemacht – bei Zwei-plus-Vier- wie auch anderen Gesprächen –, dass wir keinen Vorteil aus dem Rückzug sowjetischer Truppen aus Osteuropa ziehen werden.«[95]

Damit bestätigte auch der Amerikaner die heutige russische Lesart, von der jetzt niemand mehr etwas wissen will. Denn Seitz' Worte galten nicht lange, bereits 2 Jahre später kehrten die Amerikaner ihre Politik genau ins Gegenteil um.[96]

Manche Historiker argumentieren, dass **nur** aufgrund dieser und zahlreicher ähnlich lautender Zusicherungen Gorbatschow in die Wiedervereinigung Deutschlands und dessen anschließende NATO-Mitgliedschaft eingewilligt habe. Die Klagen russischer Politiker über den »Verrat« seien deshalb berechtigt.[97]

Der deutsche Politikwissenschaftler Hannes Adomeit widerspricht – politisch korrekt – dem Narrativ vom westlichen Wortbruch. Es sei »nur« davon die Rede gewesen, das »ehemalige Staatsgebiet der DDR« nicht sofort in die NATO-Strukturen zu integrieren. Adomeit resümiert wahrheitswidrig (Hervorhebungen durch den Autor):

»Mit einem **Wort**- oder Vertragsbruch hat dies aber **nichts** zu tun.«[98]

Dagegen argumentiert der amerikanische Politikwissenschaftler Marc Trachtenberg und sagt, die deutschen und amerikanischen Außenminister, Genscher und Baker, hätten sich im Januar und Februar 1990 durchaus auf Osteuropa bezogen und nicht nur auf die DDR. Dies werde durch weitere Äußerungen, etwa gegenüber der Presse, und den Kontext der Gespräche deutlich.[99] Trachtenbergs Argumentation ist vollkommen richtig, was die von mir zitierten Aussagen von Baker und Genscher dokumentieren.

Dass es keine NATO-Osterweiterung geben würde, war für die Sowjetunion und später auch für die Russische Föderation nämlich sehr wichtig.[100] Wie schon erwähnt: Michail Gorbatschow legte Wert darauf, dass keine NATO-Truppen in Ostdeutschland stationiert werden,[101] geschweige denn in Ländern vor seiner »Haustür«.

Die damaligen Protagonisten, US-Präsident George H. W. Bush, der sowjetische Generalsekretär Michail Gorbatschow und Bundeskanzler Helmut Kohl, unterzeichneten am 12. September 1990 schließlich den Zwei-plus-Vier-Vertrag »über die abschließende Regelung in Bezug auf Deutschland«.[102] Als Gegenleistung für seine Kompromissbereitschaft hatte Kohl Gorbatschow in bilateralen Gesprächen ein Geldpaket von insgesamt rund 100 Milliarden D-Mark angeboten: in Form von Krediten, als Wirtschaftshilfe und zur Finanzierung des Abzugs der Roten Armee aus Ostdeutschland.[103]

Erpresste Zustimmung?

Im Jahr 1993 erklärte der erste Präsident der Russischen Föderation, Boris Jelzin, gegenüber US-Präsident Bill Clinton, dass die Öffentlichkeit in einer NATO-Osterweiterung eine »Neo-Isolation« Russlands sehe.[104] Am 15. September 1993 schrieb Jelzin schließlich an Clinton, der Zwei-plus-Vier-Vertrag schließe seinem Sinn nach eine NATO-Osterweiterung aus.[105] Das sahen die Amerikaner jedoch anders.

Als Clinton Jelzin dann im September 1994 mitteilte, die NATO würde sich nun **doch** in Richtung Osten erweitern, fühlte sich der russische Präsident betrogen. Denn statt einer Partnerschaft für alle offerierte die NATO nun den früheren Warschauer-Pakt-Staaten (Polen, Ungarn, Tschechien und anderen) den Eintritt in die exklusive westliche Allianz. In einer zornigen Rede brandmarkte Jelzin die geplante NATO-Expansion im Dezember 1994 als Beginn eines »kalten Friedens« im Widerspruch zur Logik von 1990.[106]

Mit der NATO-Russland-Grundakte von 1997 wurde dann der halbherzige Versuch unternommen, Russlands Vorbehalte gegenüber der Osterweiterung abzuschwächen. Darin erklärten die NATO und Russland ihre Absicht, eine starke, stabile, dauerhafte und gleichberechtigte Partnerschaft aufzubauen. Ziel sei es, die Sicherheit und Stabilität im euro-atlantischen Raum zu stärken.[107]

Richtig ist: Boris Jelzin stimmte der NATO-Osterweiterung noch im gleichen Jahr zu. Richtig, aber oftmals verschwiegen, ist aber auch: Jelzin erklärte, er »tue das nur, weil der Westen« ihn »dazu zwinge« und benannte die NATO-Osterweiterung als »illegal«.[108]

Der bereits oben genannte Diplomat Frank Elbe erklärte Jelzins Zwangslage so: »Er war angesichts der ökonomischen Situation Russlands auf eine Zusammenarbeit mit dem Westen angewiesen.«[109]

Der NATO-Osterweiterung soll Jelzin also zugestimmt haben, um westliche Lebensmittellieferungen und andere Güter zu erhalten und um an der Macht zu bleiben? Das ist wohl eine Frage, die die Historiker noch lange beschäftigen wird.

Vertrauen ist wichtiger als Verträge

1997 erklärte der russische Außenminister Jewgeni Primakow, ehemaliger Gorbatschow-Berater und Leiter des russischen Auslandsgeheimdienstes, dass mehrere westliche Führer »Gorbatschow gesagt hätten, dass kein einziges Land, das den Warschauer Pakt verlässt, der NATO beitreten würde«.[110]

Versprechungen gab es vom Westen also viele, das ist unbestritten. Doch es hat nie ein *schriftliches Abkommen* darüber gegeben. Das ist der Haken.

Dr. Dmitri Trenin, von 1977 bis 1991 Offizier der sowjetischen Armee, sprach das aus, was für die meisten, die nicht in der russischen Kultur verankert sind, schwer zu verstehen ist:

»Es war definitiv kein Bruch eines formellen oder informellen Übereinkommens, es war ein Vertrauensbruch. Aber für Russen wog ein Vertrauensbruch oft schwerer als ein Vertragsbruch.«[111]

Noch heute versuchen politische »Winkeladvokaten« die Zusagen, die von US-Außenminister Baker gegenüber den Russen gemacht worden waren, so umzuinterpretieren, als sei ihm die »außenpolitische Richtlinienkompetenz und Entscheidungsgewalt« gar nicht zugestanden, sondern nur dem damaligen US-Präsidenten. Baker habe jenen Wortlaut in einem frühen Stadium der Sondierungsgespräche gebraucht, um der Sowjetunion die Angst vor einem sich vergrößernden Deutschland zu nehmen.[112] Zudem wird verharmlosend von »spekulativen Sondierungsgesprächen« gesprochen.[113] Bei den Unterredungen im Februar 1990 wäre es demnach einzig um die Ausdehnung der integrierten NATO-Verteidigungsstrukturen nach Ostdeutschland gegangen[114] und so weiter und so fort.

Dies ist nachweislich falsch, was die oben zitierte öffentliche Aussage von Genscher beweist. Dieser sprach nämlich vom »NATO-Verteidigungsgebiet, nicht nur in Bezug auf die DDR«, sondern »ganz generell«.

Doch davon wollen die Befürworter der NATO-Osterweiterung nichts mehr wissen. Heute argumentieren sie auch mit dem Zwei-plus-Vier-Vertrag selbst. In Artikel 5, Absatz 3 heißt es:

»Nach dem Abschluß des Abzugs der sowjetischen Streitkräfte vom Gebiet der heutigen Deutschen Demokratischen Republik und Berlins können in diesem Teil Deutschlands auch deutsche Streitkräfteverbände stationiert werden, die in gleicher Weise militärischen Bündnisstrukturen zugeordnet sind wie diejenigen auf dem übrigen deutschen Hoheitsgebiet, allerdings ohne Kernwaffenträger. Darunter fallen nicht konventionelle Waffensysteme, die neben konventioneller andere Einsatzfähigkeiten haben können, die jedoch in diesem Teil Deutschlands für eine konventionelle Rolle ausgerüstet und nur dafür vorgesehen sind. Ausländische Streitkräfte und Atomwaffen oder deren Träger werden in diesem Teil Deutschlands weder stationiert noch dorthin **verlegt.**«[115]

Noch einmal zur Erinnerung: Die Protokollnotiz als Zusatz lautete:

»Alle Fragen in bezug auf die Anwendung des Wortes ›verlegt‹, wie es im letzten Satz von Artikel 5 Abs. 3 gebraucht wird, werden von der Regierung des vereinten Deutschland in einer vernünftigen und verantwortungsbewußten Weise entschieden, wobei sie die Sicherheitsinteressen jeder Vertragspartei, wie dies in der Präambel niedergelegt ist, berücksichtigen wird.«[116]

Die US-Historikerin Mary Elise Sarotte weist in ihrer Studie *Nicht einen Schritt weiter nach Osten. Amerika, Russland und die wahre Geschichte der Nato-Osterweiterung* darauf hin, dass nicht nur die USA, sondern auch Frankreich und Großbritannien es zur Bedingung des Abschlussvertrages zur Wiedervereinigung machten, dass die NATO unter anderem explizit die Erlaubnis hatte, ihre Sicherheitsgarantien unter Artikel 5 des Zwei-plus-Vier-Vertrages auf das Gebiet Ostdeutschlands auszudehnen, und es kein explizites Verbot einer künftigen Bewegung der NATO nach Osten geben dürfe. Der Vertragsentwurf wurde sogar durch eine Protokollnotiz ergänzt, dass nicht deutsche NATO-Verbände die frühere deutsch-deutsche Grenze überschreiten dürfen, wenn diese nicht als Verschiebung bezeichnet würde. **Was darunter zu verstehen sei, solle später geklärt werden.** Genau das ist aber der Punkt. Doch Sarotte argumentiert, dass Moskau den Vertrag ja unterzeichnet habe.[117] Winkeldiplomatie *at its best*!

Die NATO-Osterweiterung ging munter weiter

Die US-Politik der NATO-Ostexpansion ging trotz der russischen Einwände und Bedenken munter weiter. Das westliche Verteidigungsbündnis nahm immer neue Mitglieder auf, auch Staaten, die bis 1990 auf der Gegenseite im Warschauer Pakt verankert gewesen waren oder eine strategische Gefahr für Russland darstellen könnten:

- **1999:** Polen, Tschechien, Ungarn
- **2004:** Estland, Lettland, Litauen, Slowakei, Slowenien, Rumänien, Bulgarien
- **2009:** Albanien und Kroatien
- **2017:** Montenegro[118]
- **2020:** Nordmazedonien

Weitere Staaten, die aktuell in die NATO möchten:

- Kosovo
- Ukraine
- Georgien
- Bosnien und Herzegowina[119]

Heute sind osteuropäische Truppen ein wichtiger Teil der NATO. Aus Sicht der Russen ist das ein klarer Bruch der »Versprechen« von 1990. Doch das ist noch lange nicht das Ende der NATO-Osterweiterung, denn 2023/2024 wurden Finnland (4. April 2023)[120] und Schweden (7. März 2024)[121] wegen der (wohl als Ausrede willkommenen) »Sorge« eines russischen Angriffs auf

diese beiden Länder zusätzlich in das Transatlantische »Verteidigungsbündnis« aufgenommen. Finnlands Präsident Alexander Stubb ist sogar der Meinung, dass es kein Tabu mehr sei,
US-Nuklearwaffen in seinem Land zu stationieren.[122] Die Provo-
kationen gegen Russland gehen also weiter.

Worte sind nur Schall und Rauch

Schriftliche Garantien, dass *keine* NATO-Osterweiterung stattfinden würde, gab es nicht, lediglich mündliche Zusagen – und
diese zuhauf. Auch wenn diese Zusicherungen nicht in Vertrags-
form niedergeschrieben wurden, so waren sie in den Augen der
Russen doch politisch und moralisch bindend.[123]

Der Westen täuschte die Sowjetunion gleichzeitig mit vagen
Versprechen einer kooperativen europäischen Sicherheitsordnung, während die Bush-Regierung die NATO (ohne die UdSSR)
bewusst ins Zentrum der neuen Sicherheitsarchitektur in Europa
rückte.[124]

Die Entscheidung der Amerikaner, die NATO bis zu den
Grenzen Russlands zu erweitern, wurde von dem Historiker und
Diplomaten George F. Kennan bereits 1997 als »verhängnisvolls-
ter Fehler der amerikanischen Politik in der Ära nach dem Kalten Krieg« beurteilt.[125]

Kennan prophezeite: »Diese Entscheidung [lasse] erwarten,
dass die nationalistischen, antiwestlichen und militaristischen
Tendenzen in der Meinung Russlands entzündet werden; dass
sie einen schädlichen Einfluss auf die Entwicklung der Demo-
kratie in Russland haben, dass sie die Atmosphäre des Kalten

Krieges in den Beziehungen zwischen Osten und Westen wiederherstellen und die russische Außenpolitik in Richtungen zwingen, die uns entschieden missfallen werden.«[126]

BEWERTUNG

Die Sowjetunion fühlte sich hintergangen und über den Tisch gezogen; sie stufte die NATO fortan nicht mehr als »Verteidigungsbündnis« ein, sondern als Bedrohung und expansiven Gegner. Zudem sehen bis heute nicht wenige Menschen in Russland die NATO-Osterweiterung als klaren Bruch des Zwei-plus-Vier-Vertrages an.

TEIL 3

Vertragsbrüche

Nach den Wortbrüchen kamen die Vertragsbrüche, die ich im Folgenden darlegen und analysieren möchte.

I. Ukrainekrieg: Hat Deutschland durch Waffenlieferungen den Zwei-plus-Vier-Vertrag gebrochen?

Am 21. Februar 2024 tauchte im russischen Parlament die Forderung auf, den Zwei-plus-Vier-Vertrag, der als Grundlage für die heutige Gestalt Deutschlands zu betrachten ist, zu kündigen (siehe Kapitel »Teil 4: Kündigen die Russen den Zwei-plus-Vier-Vertrag?«).[127] Russische Parlamentarier waren empört über das immer lauter werdende Geschrei nach Taurus-Marschflugkörpern in die Ukraine, mit denen auch das russische Hinterland getroffen werden könnte. Zwar wird dies von Olaf Scholz (noch) abgelehnt, aber der Druck der Kriegsverlängerungsfetischisten in der FDP, der Union, bei den Grünen sowie in der SPD selbst, die »weitreichende Waffensysteme« und »Militärhilfe für die Wiederherstellung der vollständigen territorialen Integrität und Souveränität der Ukraine [in] erforderliche[m] Maße« fordern, wird immer größer.[128]

Und dann auch noch das: Am 1. März 2024 veröffentlichte die RT-Chefredakteurin Margarita Simonjan die russischsprachige Abschrift eines Gesprächs zwischen mehreren hochrangigen Offizieren der deutschen Luftwaffe, in dem diese die Einsatz- und Zieldetails von Taurus-Langstreckenraketen erörterten – über deren Lieferung an die Ukraine Deutschland derzeit noch debattiert –, als ob die Lieferung bereits vereinbart worden wäre.

Die Beamten sprachen auch darüber, wie man dies weiterhin plausibel bestreiten könnte, falls die Ukraine die Waffen für einen Angriff auf die strategisch wichtige Krim-Brücke einsetzen würde. Das deutsche Verteidigungsministerium hat unterdessen bestätigt, dass das Gespräch abgehört wurde, und eine Untersuchung der Angelegenheit eingeleitet.[129] Politisch-medial wurde der Skandal allerdings als »Formsache« abgetan, denn Militärs müssten ja über solche Themen reden.[130]

Daraufhin reagierte der stellvertretende Vorsitzende des russischen Sicherheitsrates, Dmitri Medwedew, wütend. In einem auf Telegram veröffentlichten Text nannte er die Deutschen »unsere ewigen Widersacher«, die wieder zu »eingeschworenen Feinden« geworden seien, und schrieb:

»Schauen Sie, mit welcher Gründlichkeit und mit welcher Sorgfalt die Deutschen über Angriffe auf unser Territorium unter Verwendung von Langstreckenraketen diskutieren, Ziele auswählen, die zerstört werden müssen, und die aussichtsreichsten Wege finden, unserem Vaterland und unserem Volk maximalen Schaden zuzufügen.«[131] Zum Abschluss zitierte Medwedew den russischen Schriftsteller Konstantin Simonow:

»Noch einmal, der Ruf des Großen Vaterländischen Krieges: Tod den Nazi-Invasoren!«[132]

Deutschland macht sich durch seine widerspruchslose Waffenhilfe für Kiew immer mehr zur Kriegspartei – so sehen es jedenfalls die Russen.

Am 6. März 2024 wurde die Situation immer bedrohlicher. Im russischen Staats-TV wurde offen darüber diskutiert, eine deutsche Brücke als Vergeltung zu zerstören – wenn es zu einer Taurus-Attacke auf die Kertschbrücke zwischen der Halbinsel

Krim und dem russischen Festland käme. Genannt wurden die Fehmarnsundbrücke in Schleswig-Holstein, die Trogbrücke in Magdeburg, die Rügenbrücke in Mecklenburg-Vorpommern und die Hohenzollernbrücke in Köln.[133]

So weit ist es durch den Kriegsverlängerungskurs der Ampel schon gekommen!

Meiner Ansicht nach sprechen die Fakten **für** die Einschätzung des Kremls, denn Deutschland unter Rot-Grün-Gelb wird mit zunehmender Dauer und sich zuspitzender kritischer Lage der Ukraine tatsächlich immer mehr zur Kriegspartei. Ich verweise in diesem Zusammenhang auf das Strafrecht: Wenn Sie einem Menschen eine Waffe geben, mit der dieser einen anderen tötet, machen Sie sich mitschuldig. So einfach ist das.

Aber es gibt noch mehr Anzeichen dafür, dass Deutschland zur Kriegspartei mutiert. »Unsere« grüne Außenministerin Annalena Baerbock[134] schockierte Deutschland und die ganze Welt schon einmal, als sie am 26. Januar 2023 ihre ganz private Kriegserklärung an Russland abgab. Nach ihrer Rede vor der Parlamentarischen Versammlung des Europarats in Straßburg stellte sie sich der Presse. Auf die kritische Frage eines Briten entgegnete sie:

»Wir kämpfen einen Krieg gegen Russland und nicht gegeneinander.«[135]

Schnell musste das Auswärtige Amt klarstellen, dass Baerbock damit **keine** Kriegsbeteiligung Deutschlands oder seiner Verbündeten gemeint habe.[136] Doch der Schaden war schon angerichtet: Die Russen betrachteten Baerbocks »Dumm«-Aussage dennoch als Affront.

Auf der »Wiederaufbaukonferenz« in London im Juni 2023 sagte Baerbock: »Deutschlands Unterstützung ist felsenfest, heute, morgen und übermorgen. Denn für dauerhaften Frieden reicht es nicht, dass die Ukraine den Krieg gewinnt – wir wollen, dass sie zu einem Teil des europäischen Friedens- und Wohlstandsprojekts wird.«[137]

Am Rande des Sondertreffens der EU-Außenminister in Kiew am 1. Oktober 2023 prophezeite Baerbock: »Die Zukunft der Ukraine liegt in der Europäischen Union, in unserer Gemeinschaft der Freiheit. Und die wird sich bald erstrecken von Lissabon bis Lugansk.«[138]

Aber auch Bundeskanzler Olaf Scholz verkündet mantragleich die deutsche Unterstützung für die Ukraine. Hören wir auch hier in ein paar seiner Statements hinein:

9. Februar 2023: »Es bleibt dabei: Russland darf diesen Krieg nicht gewinnen. [...] Die Ukraine gehört zur europäischen Familie.«[139]

23. Februar 2023: »Die Ukraine verdient unsere Unterstützung und unsere Solidarität. Sie hat einen Platz in unseren Herzen – auch in meinem.«[140]

6. März 2023: »Wir sind jetzt der stärkste Unterstützer der Ukraine in Kontinentaleuropa, und das werden wir auch weiterhin sein. Und das liegt auch an den Waffen, bei denen wir uns mit den Vereinigten Staaten und anderen Freunden abstimmen.«[141]

16. März 2023: »Gemeinsam mit unseren europäischen Partnern werden wir weiter dafür sorgen, dass die Ukraine Waffen und Ausrüstung erhält, um durchzuhalten und sich zu verteidigen.«[142]

22. Mai 2023: »Für die Zukunft wird auch über Sicherheitsgarantien zu sprechen sein, das ist klar. Zu diesen Sicherheitsgarantien gehört die Frage, wie stark wir künftig die Ukraine mit Waffen ausrüsten werden. Nach dem Krieg wird die Ukraine mit Waffen aus westlicher Produktion ausgestattet werden.«[143]

23. Mai 2023: »Das bittere Kapitel der Geschichte unseres Kontinents [...] wird damit enden, dass sich die freie Ukraine als vollwertiges Mitglied der Europäischen Union anschließt.«[144]

12. September 2023: »Wir werden die Ukraine in ihrem Recht auf Selbstverteidigung weiter unterstützen, so lange wie nötig. Das halte ich nicht nur politisch und strategisch für erforderlich, sondern auch friedensethisch für geboten.«[145]

20. September 2023: »Zugleich müssen wir uns vor Schein-Lösungen hüten, die ›Frieden‹ lediglich im Namen tragen. Denn: Frieden ohne Freiheit heißt Unterdrückung. Frieden ohne Gerechtigkeit nennt man Diktat. Das muss nun endlich auch Moskau verstehen.«[146]

10. Februar 2024: »Unsere Hilfe für die Ukraine wird nicht nachlassen.«[147]

24. Februar 2024: »Wir unterstützen die Ukraine bei ihrer Selbstverteidigung – und zwar so lange wie nötig [...]. Das alles verlangt uns einiges ab, auch finanziell.«[148]

»Auch finanziell ...«: Am 16. Februar 2024 veröffentlichte das Institut für Weltwirtschaft (IfW) Schockzahlen für den deutschen Steuerzahler: Bisher hat Deutschland (ohne EU-Hilfen) **22,06 Milliarden** Euro an die Ukraine bezahlt, **mit** EU-Hilfen sogar **41 Milliarden** Euro![149]

5 Tage später meldete sich Marcel Fratzscher, der Präsident des Deutschen Instituts für Wirtschaftsforschung (DIW). Ihm zufolge hat der Ukrainekonflikt die deutsche Wirtschaft bisher mehr als **200 Milliarden Euro** (!) gekostet. Er begründet das in

der *Rheinischen Post* wie folgt: Es handele sich vor allem um die hohen Energiekosten, die das Wachstum in Deutschland im Jahr 2022 um 2,5 Prozentpunkte oder 100 Milliarden Euro reduziert hätten. Im Jahr 2023 habe Deutschland eine ähnliche Größenordnung verloren. Dies seien aber nur die »direkten finanziellen Kosten«. Weitere Kosten entstünden durch die wegen des Krieges »eskalierenden geopolitischen und geoökonomischen Konflikte, vor allem mit China«.[150]

Außer der finanziellen Hilfe liefert das rot-grün-gelbe Deutschland auch haufenweise Waffen und anderes Kriegsgerät in die Ukraine, unter anderem:

- Leopard-Panzer,
- Schützenpanzer,
- Panzerhaubitzen,
- Flugabwehrsysteme,
- Artilleriegeschosse,
- Lenkflugkörper für das Luftabwehrsystem Iris-T.

Die militärische Hilfe geht aber weit über die Waffenlieferungen hinaus. Deutschland

- bildet ukrainische Soldaten aus,
- toleriert den Einsatz von Streumunition durch die Ukraine, obwohl Deutschland selbst das Abkommen **gegen** Streubomben unterschrieben hat (welch Heuchelei!),[151]
- ist der zweitgrößte Waffenlieferant an die Ukraine und der zweitgrößte Finanzier,
- schloss mit der Ukraine eine »Vereinbarung über Sicherheitszusagen und langfristige Unterstützung« über die Belieferung des ukrainischen Militärs mit Rüstungsgütern,

über Ausbildung und Training sowie über die Bereitstellung von Aufklärungsdaten ab.[152]

Trotzdem sieht sich Deutschland **nicht** als Kriegspartei. Ich wiederhole noch einmal: Ist derjenige, der einem anderen eine Waffe gibt, mit der dieser einen Menschen erschießt, nicht mitschuldig?

Ich verweise an dieser Stelle noch einmal auf Artikel 2 des Zwei-plus-Vier-Vertrages, in dem es unmissverständlich heißt (Hervorhebungen durch den Autor):

»Die Regierungen der Bundesrepublik Deutschland und der Deutschen Demokratischen Republik bekräftigen ihre Erklärungen, dass **von deutschem Boden nur Frieden ausgehen wird.** Nach der Verfassung des vereinten Deutschland **sind Handlungen, die geeignet sind und in der Absicht vorgenommen werden, das friedliche Zusammenleben der Völker zu stören, insbesondere die Führung eines Angriffskrieges vorzubereiten, verfassungswidrig und strafbar.** Die Regierungen der Bundesrepublik Deutschland und der Deutschen Demokratischen Republik erklären, dass **das vereinte Deutschland keine seiner Waffen jemals einsetzen wird,** es sei denn in Übereinstimmung mit seiner Verfassung und der Charta der Vereinten Nationen.«[153]

Westliche »Experten« – wie sollte es auch anders sein – sehen in der Unterstützung der Ukraine allerdings **keinen** Bruch des Zwei-plus-Vier-Vertrages. So etwa Andreas Wirsching, Leiter des Instituts für Zeitgeschichte München-Berlin, weil es Russland sei, das einen Angriffskrieg führe. Zudem sehe die UN-Charta[154] ein individuelles und kollektives Recht zur Selbstverteidigung vor, durch das deutsche, westliche oder sonstige Waffenlieferungen an die Ukraine abgedeckt seien.[155]

Ich frage: Wenn man die ganze **Vorgeschichte** zum Ukraine-Russland-Konflikt kennt, führt Russland dann einen Angriffs- oder einen Präventivkrieg? Der Krieg hat nämlich bereits 2014 begonnen und nicht erst 2022, mit dem Einmarsch in die Ukraine – und das ist keine Russen-Propaganda, sondern Fakt. Ich verweise in diesem Zusammenhang auf meine Publikation *Schlachtfeld Ukraine. Angriffs- oder Präventivkrieg?*[156] zu den (verschwiegenen) Hintergründen über den **Beginn** des Konfliktes. Doch genau diese werden wohlweislich ausgeklammert.[157] Putins **Motiv** für den Angriff auf die Ukraine wird überhaupt nicht analysiert. Bleiben wir beim Beispiel Strafrecht: Das ist etwa so, als würde ein Mordermittler sich nicht für das Mordmotiv interessieren. Auch die sogenannten »Experten«, das Polit-Establishment und die Medien, blenden Putins Beweggründe vollkommen aus. Vorsatz oder Dummheit?

Andreas von Arnauld, Direktor des Walther-Schücking-Instituts für Internationales Recht, sieht ebenfalls keinen Verstoß gegen den Zwei-plus-Vier-Vertrag: »Russland hat in flagranter Weise das Gewaltverbot der UN-Charta verletzt und einen Angriffskrieg begonnen. Wenn Deutschland hiergegen Sanktionsmaßnahmen ergreift und auch die Ukraine mit Waffenlieferungen unterstützt, steht dies nicht im Widerspruch zur UN-Charta, ganz abgesehen davon, dass Deutschland nicht selbst Waffen einsetzt.«[158]

Claus Kreß, Professor für Völkerstrafrecht und Direktor des Institute for International Peace and Security Law an der Universität Köln, sagte im *Spiegel* sogar (Hervorhebungen durch den Autor):

»Deutschland darf der Ukraine dabei helfen, sich zu verteidigen. Deutschland dürfte sogar noch mehr tun. Deutschland dürfte gestützt auf das kollektive Selbstverteidigungsrecht **direkt militärisch an der Seite der Ukraine in den Konflikt eingreifen.**«[159]

Auf die Frage, **wann** Deutschland Kriegspartei werden würde, antwortete Professor Kreß:

»Man sollte von Gewaltverbot und Selbstverteidigungsrecht ausgehend fragen: Wann wird die Unterstützung der individuellen Selbstverteidigung der Ukraine zu einer eigenen Gewaltanwendung Deutschlands, die eine Berufung auf das kollektive Selbstverteidigungsrecht erfordete? Das wäre sicher der Fall, wenn Deutschland eigene Soldaten einsetzte, wenn etwa die deutsche Luftwaffe oder deutsche Panzer mit deutschen Soldaten besetzt in der Ukraine zum Einsatz kämen. Dann wäre Deutschland auch Kriegspartei.«[160]

Nicolas Badalassi, Professor für Zeitgeschichte am Institut für politische Studien (Institut d'études politiques, IEP) in Aix-en-Provence, Frankreich, sagte:

»Deutschland hat keine Vertragsverletzung begangen.«[161]

Badalassi setzte sogar noch einen drauf. Er behauptete, dass Deutschland mit seinen Waffenlieferungen an die Ukraine den Vertrag von 1990 »perfekt« umsetze:

»Es hält sich an die Charta der Vereinten Nationen, die die Achtung der Souveränität der Staaten und die Unverletzlichkeit der Grenzen vorsieht, indem es Waffen an die Ukraine liefert, um diese Prinzipien zu schützen.«[162]

Bernhard Blumenau, außerordentlicher Professor für internationale Geschichte und Politik an der University of St. Andrews in Großbritannien, erklärte gegenüber AFP, der Vertrag verbiete Deutschland nicht ausdrücklich, Waffen in die Ukraine zu schicken:

»Artikel 2 besagt, dass Deutschland sich nicht an einem Angriffskrieg beteiligen darf, aber die Entsendung von Waffen stellt keinen solchen Fall dar.«[163]

Hélène Miard-Delacroix, Professorin für Geschichte an der Sorbonne Université in Paris, sagte, die Darstellung, deutsche Waffenlieferungen an die Ukraine verstießen gegen den Zwei-plus-Vier-Vertrag, beruhe auf einer »falschen Interpretation« der Formulierungen des Artikel 2.[164]

Wie wir sehen, hat die Bundesregierung die Lieferung von Waffen und anderen Rüstungsgütern in Milliardenhöhe an die Ukraine genehmigt. Westliche Völkerrechtler sind sich dennoch einig, dass Waffenlieferungen in einem Krieg den Lieferanten **nicht** zur Kriegspartei machen, und zwar egal, um welche Waffen es sich handelt.

Doch entscheidend ist nicht, was die Ampelregierung glaubt, sondern wie der Kreml deren Kriegsverlängerungskurs einschätzt.

Russland nämlich betrachtet die westlichen Verbündeten der Ukraine als Kriegsbeteiligte. Bereits am 26. Januar 2023 sagte Kremlsprecher Dmitri Peskow der russischen Nachrichtenagentur Interfax zufolge:

»Alles, was die Allianz und die von mir erwähnten Hauptstädte (Europas und der USA) tun, wird in Moskau als direkte Beteiligung am Konflikt aufgefasst.«[165]

Einen Monat später sagte Putin im Staatsfernsehen, dass die NATO-Staaten aufgrund ihrer massiven Waffenlieferungen für

Kiew »in gewisser Weise« am Krieg in der Ukraine beteiligt seien.[166] Die Waffenlieferungen stellten quasi eine Beteiligung am Krieg dar, weil Kiew die Ausrüstung ohne Bezahlung erhalte.[167]

Am 2. April 2023 erklärte Russlands Außenminister Sergei Lawrow in einem Interview mit der kubanischen Nachrichtenagentur Prensa Latina:

»Der Krieg wird vom ukrainischen Militär auf Befehl des Kiewer Regimes geführt. Aber wie die ukrainischen Führer selbst sagen: Wenn es keine kontinuierliche Lieferung von mehr und mehr Angriffswaffen gibt, wird die Ukraine verlieren. Dies ist ein sehr bezeichnendes Eingeständnis, das bedeutet, dass der Westen direkt an diesem Konflikt beteiligt ist.«[168]

Knapp 6 Wochen später wiederholte Lawrow:

»De facto und de jure sind die NATO-Länder direkt an dem Konflikt auf der Seite Kiews beteiligt. Eine solche unverantwortliche Linie erhöht die Gefahr eines direkten militärischen Zusammenstoßes der Atommächte erheblich.«[169]

Der russische Außenminister warf den westlichen Staaten wegen ihrer anhaltenden Unterstützung der Ukraine am 23. September 2023 noch einmal vor, **direkt** gegen Russland zu kämpfen:

»Sie können es nennen, wie Sie wollen, aber sie kämpfen mit uns, sie kämpfen direkt mit uns. Wir nennen es hybriden Krieg, aber das ändert nichts an der Wirklichkeit.« Der Westen »kämpft de facto gegen uns, nutzt die Körper von Ukrainern.«[170]

Russlands Botschafter in Berlin, Sergei Netschajew, sagte in einem Interview mit der TASS am 23. Oktober 2023:

»Wir orientieren uns schon lange nicht mehr an den roten Linien Berlins. Die meisten der einst unantastbaren Tabus für Deutschland sind gebrochen worden [...].«[171]

Der russische Präsident meldete sich am 1. Januar 2024 zu diesem Thema zu Wort. Er sagte:

»Der Punkt ist nicht, dass sie [der kollektive Westen/MGR] unserem Feind helfen, sondern dass sie unser Feind sind. Sie lösen ihre eigenen Probleme mit den Händen [der Ukraine], darum geht es.«[172]

Der Sekretär des russischen Sicherheitsrates, Nikolai Patruschew, sagte am 21. März 2023:

»Mit dem Ziel, Russland zu besiegen, pumpen die USA und ihre Vasallen das ukrainische Regime weiter mit Waffen voll und sind faktisch bereits an dem Konflikt beteiligt.«[173]

US-Generalleutnant a. D. Keith Kellogg, ehemaliger Berater von Vizepräsident Mike Pence, räumte vor dem Streitkräfteausschuss des Senats am 20. März 2023 sogar ein, dass die Ukraine **nur benutzt werde, um Russland ohne Verluste für die USA zu besiegen.** Dieses Vorgehen sei der »Gipfel der Professionalität«, denn: »So können wir uns auf das konzentrieren, was wir gegen unseren Hauptgegner tun sollten, der im Moment China ist.«[174]

Ich bringe den Krieg in der Ukraine in zwei Sätzen auf den Punkt:

Die Amerikaner verhinderten auf Kuba die sowjetische Militärpräsenz vor ihrer Haustür und werden bis heute dafür gefeiert.

Die Russen wollen in der Ukraine eine amerikanische Militärpräsenz vor ihrer Haustür verhindern und werden dafür verteufelt.

BEWERTUNG

Es ist unerheblich, **wie** Völkerrechtler die massive deutsche Unterstützung für die Ukraine bewerten. Einzig **entscheidend** ist, **wie** Wladimir Putin und die russische Militärführung Berlins Engagement sehen. Denn letztlich ist es vollkommen egal, ob Waffen- und finanzielle Hilfen vom Völkerrecht gedeckt sind oder nicht, wenn die Russen beschließen, Deutschland als Kriegsgegner zu attackieren. Fakt ist: Die rot-grün-gelbe Ampelregierung und auch die FDP-Kriegsverlängerer spielen ein gefährliches Spiel mit dem Krieg und mit dem Schutz der deutschen Bevölkerung. Gott bewahre, dass aus diesem »Kriegsspiel« keine Realität wird.

Berlin liefert nach wie vor schwere Waffen an die Ukraine und bildet ukrainische Soldaten in Deutschland daran aus. Damit macht sich die Bundesrepublik aus Sicht der Russen de facto zur Kriegspartei, und zwar in der Rolle eines Angreifers, denn Russland hat Deutschland nicht angegriffen. Zudem bestehen keine Bündnisverpflichtungen gegenüber der Ukraine.[175]

Im Geiste des Zwei-plus-Vier-Vertrages, nach dem von »deutschem Boden **nur** Frieden ausgehen« soll, dürften die deutschen Kriegshilfen an die Ukraine bei wortwörtlicher Auslegung nicht stattfinden.

II. Die Minsker Abkommen

Wie schon im vorhergehenden Kapitel erwähnt, beziehen sich die westlichen Experten – ohne auf die Hintergründe seit 2014 und die NATO-Osterweiterung einzugehen – darauf, dass Russland einen »Angriffskrieg« führen würde und deshalb deutsche Waffenlieferungen erlaubt seien. In Artikel 2 des Zwei-plus-Vier-Vertrages lese ich jedoch:

»Nach der Verfassung des vereinten Deutschland sind Handlungen, die geeignet sind und in der Absicht vorgenommen werden, das friedliche Zusammenleben der Völker zu stören, **insbesondere** die Führung eines Angriffskrieges vorzubereiten, verfassungswidrig und strafbar.«[176]

»Insbesondere« bedeutet »hauptsächlich«, was aber nicht heißt, dass es auch **andere** Gründe geben kann. **Das** blenden die »Experten« allerdings aus.

Meiner Meinung nach hat Deutschland nicht viel für ein »friedliches Zusammenleben der Völker« (in diesem Falle Ukraine/Russland) getan, sondern unterstützt die Ukraine **seit vielen Jahren** völlig **einseitig** – und das sogar mit Lug und Trug, wie wir jetzt sehen werden.

Minsk I

Am 5. September 2014 wurde im belarussischen Minsk ein Friedensplan[177] für die Beendigung der Kämpfe zwischen den (von

Russland unterstützten) Separatisten und der ukrainischen Armee in der Ostukraine unterzeichnet.[178]

Das Protokoll von Minsk ist die schriftliche Zusammenfassung der Beschlüsse, die bei Gesprächen der aus der Ukraine, der OSZE und Russland bestehenden trilateralen Kontaktgruppe hinsichtlich gemeinsamer Schritte zur Umsetzung des Friedensplans zwischen dem ukrainischen Präsidenten Petro Poroschenko und dem russischen Präsidenten Wladimir Putin gefasst wurden.[179] Das Ziel des Abkommens war ein begrenzter Waffenstillstand.

Doch die Waffenruhe hielt nicht lange an. Am 28. September 2014 flammten neue Kämpfe auf und mündeten in der Zweiten Schlacht um den Flughafen Donezk.[180] Am 12. Februar 2015 kam auf Initiative von Deutschland und Frankreich dann ein erneutes Waffenstillstandsabkommen zustande: Minsk II.

Minsk II

Das Minsk-II-Abkommen war die Folge des fortgesetzten Bürgerkrieges in der Ostukraine, der mit dem Minsk-I-Abkommen eigentlich hätte enden sollen. Das neue Abkommen wurde vom französischen Präsidenten **François Hollande,** der deutschen Bundeskanzlerin **Angela Merkel,** dem ukrainischen Präsidenten **Petro Poroschenko** sowie dem russischen Präsidenten **Wladimir Putin** ausgehandelt und unterzeichnet. Das Abkommen zielte **offiziell** auf eine Deeskalation und Befriedung des seit 2014 in der Ostukraine herrschenden Krieges und eine politische Beilegung des Konfliktes.[181]

Die Vereinbarungen umfassten dreizehn Punkte, darunter waren unter anderem:

- Ein allseitiger Waffenstillstand.
- Eine Sicherheitszone um die »Berührungslinie« (»Front«).
- Der Abzug schwerer Waffen.
- Die Durchführung regionaler Wahlen. Diese sollten unter Einhaltung der entsprechenden OSZE-Standards und unter Beobachtung vonseiten des OSZE-Büros für Demokratische Institutionen und Menschenrechte durchgeführt werden.
- Ein Beschluss vom ukrainischen Parlament zu einem Gesetz »Über die zeitweilige Ordnung der lokalen Selbstverwaltung in einzelnen Gebieten der Oblaste Donezk und Lugansk«.
- Eine Wiederherstellung der vollständigen Kontrolle über die Staatsgrenze vonseiten der ukrainischen Regierung im gesamten Konfliktgebiet, beginnend mit dem ersten Tag nach der Durchführung regionaler Wahlen.
- Die Durchführung einer Verfassungsreform in der Ukraine und das Inkrafttreten einer neuen Verfassung bis Ende 2015. Diese Verfassung musste als Schlüsselelement eine Dezentralisierung (unter Berücksichtigung der Besonderheiten einzelner Gebiete der Oblaste Donezk und Lugansk) aufweisen, die mit den Vertretern dieser Gebiete abgestimmt war.
- Die Verabschiedung eines ständigen Gesetzes über den besonderen Status einzelner Gebiete der Oblaste Donezk und Lugansk.[182]

Beide Seiten hielten sich in der Folgezeit aber nicht oder nur zögerlich an die Abmachung. Als Hauptproblem stellte sich die nicht festgelegte Reihenfolge der Umsetzung heraus: Aus ukrainischer Sicht sollte zuerst die Sicherheit gewährleistet werden. Moskau hingegen pochte auf die politischen Maßnahmen wie ein Mitspracherecht für die Separatisten bei einer Verfassungsänderung und im Parlament. Erst danach könne man über deren Entwaffnung reden.[183]

Russland brachte am 13. Februar 2015 einen Resolutionsentwurf in den Weltsicherheitsrat ein, mit dem die Vereinbarungen von Minsk II festgehalten und deren Umsetzung gefordert wurden.[184] Der Entwurf wurde am 17. Februar 2015 einstimmig als Resolution 2202 (2015) verabschiedet.[185]

Am 21. April 2019 verlor der bisherige ukrainische Präsident Poroschenko im zweiten Wahlgang der Präsidentschaftswahl mit dem schlechtesten Wahlergebnis, das je ein Kandidat in einer Stichwahl erhalten hat, gegen den politischen Quereinsteiger Wolodymyr Selenskyj.[186] Damit war der ehemalige Schauspieler und Komödiant neuer Präsident der Ukraine. Selenskyj war von vielen gerade wegen seiner unpolitischen Vergangenheit gewählt worden. Sie hofften auf die Verbesserung ihrer Lebensqualität, das Ende der ausufernden Korruption und ein Ende des Krieges in der Ostukraine. Doch Selenskyj war und ist strammer USA- und EU-Freund und näherte sich seinen amerikanischen Unterstützern immer weiter an. Die Minsker Vereinbarungen wurden (auch) von der Ukraine mehr schlecht als recht umgesetzt und die Russen damit sogar betrogen, wie ich weiter unten dokumentieren werde. Unter der Ägide von Selenskyj nahm die ukrainische Armee zudem wenig Rücksicht auf die in der Ostukraine lebenden Zivilisten. Moskau warf Kiew sogar den Einsatz von Phosphorbomben vor, und die UN beklagte, dass etwa 4 Millionen Menschen unter der Gewalt in der Region leiden würden.[187] Der Krieg nahm trotz der Minsker Vereinbarungen einfach kein Ende.

Am 21. Februar 2022 erklärte Präsident Putin dann, dass es für das Minsker Abkommen keine Aussichten mehr gäbe.[188] Noch am selben Tag verkündete und unterzeichnete er die Anerkennung der selbst proklamierten und international nicht anerkannten Volksrepublik Lugansk und der Volksrepublik Donezk als eigenständige Staaten. Gleichzeitig ordnete er eine Entsendung von Truppen in die von Separatisten kontrollierten Gebiete an.[189] Das von allen Seiten unterzeichnete Dokument – Minsk II – war damit hinfällig.

Soweit die offizielle Darstellung. Doch im Hintergrund liefen die Minsker Verhandlungen ganz anders ab: Man wollte die Russen täuschen und der Ukraine Zeit für die Aufrüstung und eine Verlängerung des Krieges in der Ostukraine verschaffen. Genau das gaben später die Hauptpersonen der Vertragsunterzeichnungen zu:

Poroschenko sagte im Sommer 2022, dass er nie vorhatte, das Minsker Abkommen umzusetzen, sondern dass das Abkommen der Ukraine nur Zeit für die Aufrüstung verschaffen sollte. Er fügte hinzu, dass das Abkommen seine Aufgabe aus dieser Warte erfüllt habe. Niemand habe vorgehabt, das Abkommen umzusetzen.[190]

Merkel sagte Anfang Dezember 2022 in einem Interview mit der *Zeit*: »Und das Minsker Abkommen 2014 war der **Versuch,**

der Ukraine Zeit zu geben. Sie hat diese **Zeit auch genutzt, um stärker zu werden,** wie man heute sieht. Die Ukraine von 2014/2015 ist nicht die Ukraine von heute.«[191]

Hollande erklärte ebenfalls in einem Interview mit ukrainischen Medien, dass das Minsker Abkommen Kiew nur Zeit für die Vorbereitung eines großen Krieges mit Russland geben sollte.[192]

Minsk II war damals vom UN-Sicherheitsrat übernommen worden, was bedeutet, es wurde mit der höchsten völkerrechtlichen Qualität versehen. Bindend für alle Beteiligten. **Deutschland als eine der Garantiemächte hatte durchaus eine Verpflichtung, zur Umsetzung dieses Völkerrechts beizutragen.** Doch letztendlich war das Abkommen vonseiten der Ukraine, Frankreichs und Deutschlands nur ein Betrug an den Russen.

BEWERTUNG

Damit bestätigten die westlichen Vertreter, dass es bei den Minsker Abkommen nie um Frieden in der Region gegangen ist, sondern um die Aufrüstung der Ukraine gegen Russland. Deutschland, mit Angela Merkel an der Spitze, war maßgeblich an diesem »Betrug« beteiligt. Für mich ein Verstoß gegen den Zwei-plus-Vier-Vertrag.

III. Ukrainekrieg: Deutschland hat KEIN militärisches Verteidigungsrecht

Aufgrund des von den Russen abgehörten Gesprächs deutscher Generäle über den Einsatz der Taurus-Marschflugkörper in der Ukraine (siehe Kapitel »Ukrainekrieg: Hat Deutschland durch Waffenlieferungen den Zwei-plus-Vier-Vertrag gebrochen?«) stellte Rechtsanwalt Dirk Schmitz aus Iserlohn im März 2024 Strafanzeige beim Generalbundesanwalt. Begründung: Der Mitschnitt des Gesprächs dokumentiere die Tatbestandsvoraussetzungen einer Vorbereitungshandlung zu einem Angriffskrieg.[193]

Auf die allgemeine Definition des »Angriffskrieges« gehe ich im Kapitel »Das Führen von Angriffskriegen« ein. An dieser Stelle möchte ich die Argumentation von Rechtsanwalt Schmitz anführen, der eine äußerst interessante Rechtsauslegung beschreibt. Die Diskussion über den Einsatz von Taurus-Marschflugkörpern auf russischem Gebiet sieht er als »Angriffshandlung«. Seine Argumentation (Hervorhebungen durch den Autor):

- Der Angriffskrieg Russlands gegen die Ukraine stelle **keinen Tatbestandsausschluss für Angriffshandlungen durch Deutschland** oder einen **Rechtfertigungsgrund** [für einen deutschen Angriff, beispielsweise mit Taurus-Waffen, auf Russland/MGR] dar.[194]
- **Rechtfertigungsgründe können nur der Angriff eines Drittstaates auf Deutschland sein** oder der **Eintritt des NATO-Bündnisfalles**.[195]

- **Der bloße Unterstützungswille für die Ukraine erlaube** auch bei Einordnung des Angriffes auf die Ukraine als völkerrechtswidrig nicht **Angriffshandlungen oder konkrete Vorbereitungen eines Angriffskrieges durch die Bundesrepublik außerhalb eines formellen Kriegszustandes mit Russland.** Denn der Begriff des Angriffskrieges sei jeweils für das Verhältnis der jeweils Beteiligten zu definieren.[196]

- Für Deutschland liege nur dann kein deutscher »Angriffskrieg« gegen Russland vor, **wenn zuvor Deutschland oder die NATO** (dann auch nur im rechtlich definierten Bündnisfall – also nur bei einem Angriff auf die NATO oder NATO-Mitgliedsstaaten durch Russland) **durch Russland angegriffen** werden.[197]

- Es bestehe auch **kein** Bündnisfall, wenn ein NATO-Mitglied, **ohne von Russland direkt angegriffen zu werden, Russland angreife.**[198]

- Es komme aus deutscher Strafrechtssicht nicht darauf an, ob der Angriff Russlands auf die Ukraine seinerseits (völker-)rechtswidrig sei. **Nur die Ukraine habe ein umfassendes militärisches Verteidigungsrecht** – auch mit Angriffen auf russisches oder besetztes Gebiet – **Deutschland habe dieses Recht nicht.**[199]

Und weiter:

- Dabei sehe das **Strafrecht keinen Unterschied,** ob eine **deutsche Taurus-Rakete auf russische Truppen oder Material auf ukrainischem Gebiet oder russischem**

Gebiet einschlage. Denn jede deutsche Handlung greife die russische Infrastruktur direkt an. Das sei eine Angriffshandlung.[200]

- Würde ein **russisches Kriegsschiff in Gewässern des Jemen durch ein deutsches Kriegsschiff versenkt werden** – wenn das russische Schiff nicht vorher das deutsche Schiff beschossen hätte – **sei das ein völkerrechtswidriger Angriff mit möglicher Kriegsfolge.** Ob dieser **Angriff »in Echtzeit« von einem Bunker in Bayern gesteuert und die ukrainische oder russische Grenze von deutschen »Experten« nicht überschritten werde,** spiele dabei **keine Rolle. Russland hätte in einem solchen Fall das Recht, diesen Bunker auch in Bayern direkt auszulöschen.** Hier würde der deutsche Heckenschütze in Uniform gegebenenfalls den Dritten Weltkrieg auslösen.[201]

- Zum von den Russen abgehörten Gespräch deutscher Generäle über den Einsatz von Taurus schreibt Rechtsanwalt Schmitz:

- »Die **Täter planten nicht nur allgemein ein Tötungsdelikt** im Sinne von § 211 oder § 212 StGB; vielmehr war ihr Tun und ihre Planung darauf gerichtet, **eine Sprengvorrichtung (Taurus) auf nichtdeutschem Gebiet zur Explosion zu bringen, um eine unbestimmte Anzahl von Personen zu töten** und erheblichen Sachschaden anzurichten. Damit standen Tatwerkzeug, Art der Tatausführung und die groben Umrisse der Tatumstände sowie die Tatmotivation eines Angriffes auf Russland fest. [...] Wir bitten die Ermittlungen aufzunehmen.«[202]

Strafgesetzbuch (StGB)

§ 211 Mord

(1) Der Mörder wird mit lebenslanger Freiheitsstrafe bestraft.

(2) Mörder ist, wer aus Mordlust, zur Befriedigung des Geschlechtstriebs, aus Habgier oder sonst aus niedrigen Beweggründen, heimtückisch oder grausam oder mit gemeingefährlichen Mitteln oder um eine andere Straftat zu ermöglichen oder zu verdecken, einen Menschen tötet.[203]

§ 212 Totschlag

(1) Wer einen Menschen tötet, ohne Mörder zu sein, wird als Totschläger mit Freiheitsstrafe nicht unter fünf Jahren bestraft.

(2) In besonders schweren Fällen ist auf lebenslange Freiheitsstrafe zu erkennen.[204]

Aufgrund der Erfahrungen mit gleichartigen Anzeigen (siehe Kapitel »Deutschland als Komplize bei völkerrechtswidrigen Angriffskriegen«) gehe ich davon aus, dass die Generalbundesstaatsanwaltschaft **nicht** ermitteln wird. Immerhin sind Deutschlands Staatsanwälte **weisungsgebunden** und in eine hierarchische Ordnung eingegliedert. Dem Staatsanwalt ist gemäß § 353b Strafgesetzbuch (StGB) außerdem strafrechtlich untersagt, ihm gegenüber erteilte Weisungen Dritter mitzuteilen. Die Weisungsgebundenheit ist mithin der entscheidende Unterschied zum Berufsbild des Richters, der in seinen Entscheidungen unabhängig ist. Das Weisungsrecht der Bundes- und Landesjustizminister wird als externes Weisungsrecht bezeichnet.[205]

Strafgesetzbuch (StGB)

§ 353b Verletzung des Dienstgeheimnisses und einer besonderen Geheimhaltungspflicht

(1) Wer ein Geheimnis, das ihm als

1. Amtsträger,

2. für den öffentlichen Dienst besonders Verpflichteten,

3. Person, die Aufgaben oder Befugnisse nach dem Personalvertretungsrecht wahrnimmt, oder

4. Europäischer Amtsträger,

anvertraut worden oder sonst bekanntgeworden ist, unbefugt offenbart und dadurch wichtige öffentliche Interessen gefährdet, wird mit Freiheitsstrafe bis zu fünf Jahren oder mit Geldstrafe bestraft. Hat der Täter durch die Tat fahrlässig wichtige öffentliche Interessen gefährdet, so wird er mit Freiheitsstrafe bis zu einem Jahr oder mit Geldstrafe bestraft.

(2) Wer, abgesehen von den Fällen des Absatzes 1, unbefugt einen Gegenstand oder eine Nachricht, zu deren Geheimhaltung er

1. auf Grund des Beschlusses eines Gesetzgebungsorgans des Bundes oder eines Landes oder eines seiner Ausschüsse verpflichtet ist oder

2. von einer anderen amtlichen Stelle unter Hinweis auf die Strafbarkeit der Verletzung der Geheimhaltungspflicht förmlich verpflichtet worden ist,

an einen anderen gelangen lässt oder öffentlich bekanntmacht und dadurch wichtige öffentliche Interessen gefährdet, wird mit Freiheitsstrafe bis zu drei Jahren oder mit Geldstrafe bestraft.

(3) Der Versuch ist strafbar.

(3a) Beihilfehandlungen einer in § 53 Absatz 1 Satz 1 Nummer 5 der Strafprozessordnung genannten Person sind nicht rechtswidrig, wenn sie sich auf die Entgegennahme, Auswertung oder Veröffentlichung des Geheimnisses oder des Gegenstandes oder der Nachricht, zu deren Geheimhaltung eine besondere Verpflichtung besteht, beschränken.

(4) Die Tat wird nur mit Ermächtigung verfolgt. Die Ermächtigung wird erteilt

1. von dem Präsidenten des Gesetzgebungsorgans

    a) in den Fällen des Absatzes 1, wenn dem Täter das Geheimnis während seiner Tätigkeit bei einem oder für ein Gesetzgebungsorgan des Bundes oder eines Landes bekanntgeworden ist,

    b) in den Fällen des Absatzes 2 Nr. 1;

2. von der obersten Bundesbehörde

    a) in den Fällen des Absatzes 1, wenn dem Täter das Geheimnis während seiner Tätigkeit sonst bei einer oder für eine Behörde oder bei einer anderen amtlichen Stelle des Bundes oder für eine solche Stelle bekanntgeworden ist,

b) in den Fällen des Absatzes 2 Nr. 2, wenn der Täter von einer amtlichen Stelle des Bundes verpflichtet worden ist;

3. von der Bundesregierung in den Fällen des Absatzes 1 Satz 1 Nummer 4, wenn dem Täter das Geheimnis während seiner Tätigkeit bei einer Dienststelle der Europäischen Union bekannt geworden ist;

4. von der obersten Landesbehörde in allen übrigen Fällen der Absätze 1 und 2 Nr. 2.

In den Fällen des Satzes 2 Nummer 3 wird die Tat nur verfolgt, wenn zudem ein Strafverlangen der Dienststelle vorliegt.

Die Wissenschaftlichen Dienste schreiben zum Weisungsrecht:

»Um sich nicht im Einzelfall dem Vorwurf einer politischen Einflussnahme auf die Strafverfolgung auszusetzen, wird jedoch generell eine zurückhaltende Ausübung des Weisungsrechts empfohlen.«[206]

Ein Schelm, der Böses dabei denkt …

IV. Deutschland verstößt bereits gegen die Präambel des Zwei-plus-Vier-Vertrages

Die meisten Verträge haben Präambeln, also eine Erklärung am Anfang einer Urkunde. Häufig hört man die Aussage, dass eine Präambel rechtlich nicht bindend sei. Dies stimmt nur bedingt. Rechtsanwalt Thomas Hummel schreibt dazu:

»Ein Rechtssatz wird jedenfalls nicht dadurch ungültig, dass man ihn in die Präambel schreibt. Die Präambel ist einfach nur ein ›Paragraph null‹, also ein Text, der vor dem ersten in der üblichen Form durchnummerierten Paragraphen kommt. Das allein macht seinen Inhalt aber nicht ungültig [...]. Auch in Verträgen sind Präambeln ein häufiges Instrument, um den Gegenstand der Vereinbarung an herausgehobener Stelle zu deklarieren. [...]«[207]

Schauen wir uns einmal die Präambel des Zwei-plus-Vier-Vertrages im **Hinblick auf das deutsche Engagement in der Ukraine** an. Dort heißt es unter anderem (Hervorhebungen durch den Autor):

»**Entschlossen**, die **Sicherheitsinteressen eines jeden zu berücksichtigen**, [...]«[208] und:

»**In Bekräftigung** ihrer Bereitschaft, die Sicherheit zu stärken, insbesondere durch **wirksame Maßnahmen zur Rüstungskontrolle, Abrüstung** und **Vertrauensbildung; ihrer Bereitschaft, sich gegenseitig nicht als Gegner zu betrachten,** sondern auf ein Verhältnis des Vertrauens und der Zusammenarbeit hinzuarbeiten sowie dementsprechend ihrer Bereitschaft, die Schaffung geeigneter institutioneller Vorkehrungen im Rahmen der

Konferenz über Sicherheit und Zusammenarbeit in Europa positiv in Betracht zu ziehen, [...]«[209] sowie:

»**Überzeugt** von der Notwendigkeit, **Gegensätze endgültig
zu überwinden** und die Zusammenarbeit in Europa fortzuentwickeln, [...]«[210]

Ich fasse zusammen: In der Präambel heißt es,

- man solle die Sicherheitsinteressen **eines jeden** berücksichtigen,
- Maßnahmen zur **Rüstungskontrolle und zur Abrüstung**
  umsetzen,
- sich **nicht gegenseitig als Gegner betrachten** und
- Gegensätze **überwinden.**

Löst Deutschland diese Grundsätze mit seiner Ukraine-Unter-
stützungspolitik wirklich ein? Der renommierte Russlandken-
ner und Journalist Thomas Röper schreibt dazu auf seinem Blog
Anti-Spiegel:

»Das Problem ist, dass Deutschland zu den Staaten gehört,
die die Sicherheitsinteressen Russlands ignorieren. Ich werde
nicht müde, darauf hinzuweisen, dass der wohl wichtigste
Grund für Russlands militärisches Eingreifen in der Ukraine
die – von Deutschland unterstützte – Entschlossenheit des
Westens war, die Ukraine in die NATO zu ziehen. Russland
fühlt sich dadurch in seiner Sicherheit so sehr bedroht, dass es
keinen anderen Weg mehr gesehen hat, den NATO-Beitritt der
Ukraine gewaltsam zu verhindern. Hätte Deutschland sich entsprechend der Präambel des Zwei-Plus-Vier-Vertrages verhalten

und die Sicherheitsinteressen Russlands berücksichtigt, indem Deutschland den drohenden NATO-Beitritt der Ukraine verhindert hätte, hätte es die Eskalation des Bürgerkrieges in der Ukraine im Februar 2022 nicht gegeben.«[211]

Röper ergänzt:

»Die deutsche Bundesregierung erklärt heute, über die Sicherheitsordnung in Europa müsse ohne Russland gesprochen werden. Auch das ist ein klarer Vertragsbruch, denn das bedeutet, dass Deutschland eine Sicherheit gegen Russland schaffen will, anstatt eine gemeinsame Sicherheit auf dem europäischen Kontinent zu schaffen. Wie ist das mit der im Zwei-Plus-Vier-Vertrag verkündeten Entschlossenheit, ›die Sicherheitsinteressen eines jeden‹ – also auch Russlands – ›zu berücksichtigen‹, vereinbar?«[212]

Röper trifft damit den Nagel auf den Kopf.

BEWERTUNG

Deutschland hat mit seiner Ukraine-NATO-Unterstützungspolitik und als zweitgrößter Finanzier der Ukraine gegen die Präambel des Zwei-plus-Vier-Vertrages und Artikel 2, dass »von deutschem Boden nur Frieden ausgehen« wird, verstoßen, auch wenn westliche Völkerrechtler das (natürlich) anders sehen.

V. Deutschland als Komplize bei völkerrechtswidrigen Angriffskriegen

Das Führen von Angriffskriegen

Artikel 2 des Zwei-plus-Vier-Vertrages verbietet die »Vorbereitung eines Angriffskrieges« durch das vereinte Deutschland als »verfassungswidrig und strafbar«.[213]

Das ist insbesondere in Hinsicht auf die (völkerrechtswidrigen) Angriffskriege mit deutscher Beteiligung interessant. Im Kapitel »Ukrainekrieg: Deutschland hat KEIN militärisches Verteidigungsrecht« habe ich bereits darauf hingewiesen.

Doch es gibt in diesem Zusammenhang weitere Hintergründe, die die meisten nicht kennen. Aber beginnen wir von vorn, denn am Anfang war das Grundgesetz:

Grundgesetz für die Bundesrepublik Deutschland

Artikel 26

(1) Handlungen, die geeignet sind und in der Absicht vorgenommen werden, das friedliche Zusammenleben der Völker zu stören, insbesondere die Führung eines Angriffskrieges vorzubereiten, sind verfassungswidrig. Sie sind unter Strafe zu stellen.

(2) Zur Kriegführung bestimmte Waffen dürfen nur mit Genehmigung der Bundesregierung hergestellt, befördert und in Verkehr gebracht werden. Das Nähere regelt ein Bundesgesetz.[214]

Nach Artikel 26 Absatz 1 Grundgesetz ist die **Vorbereitung** eines Angriffskrieges also verfassungswidrig und unter schwere Strafe gestellt. Die entsprechende Strafbestimmung im Strafgesetzbuch (StGB) lautete:

§ 80 Strafgesetzbuch (StGB)

Vorbereitung eines Angriffskrieges

Wer einen Angriffskrieg (Artikel 26 Abs. 1 des Grundgesetzes), an dem die Bundesrepublik Deutschland beteiligt sein soll, vorbereitet und dadurch die Gefahr eines Krieges für die Bundesrepublik Deutschland herbeiführt, wird mit lebenslanger Freiheitsstrafe oder mit Freiheitsstrafe nicht unter zehn Jahren bestraft.[215]

Demnach müsste jeder, der die **Gefahr eines Krieges verursacht, ohne** dass dieser überhaupt stattfindet, bestraft werden.[216] Dennoch konterkarierte dieser Paragraf den Artikel 26 des Grundgesetzes, was zu absurden Einschätzungen führte.

Jochen Mitschka schrieb in seinem Buch *Deutschlands Angriffskriege* dazu (Hervorhebungen durch den Autor):

»Als das Grundgesetz verfasst wurde, war man einhellig der Auffassung, dass nicht nur der Angriffskrieg selbst, sondern schon die Vorbereitung eines Angriffskrieges unter Strafe gestellt werden müsse, weil ansonsten ›das Kind schon in den Brunnen gefallen‹ wäre. Aus diesem Grund wählte man die als verschärfend gemeinte Ausdrucksweise ›vorzubereiten‹. Der Generalbundesanwalt argumentierte allerdings in der Ablehnung der

Anzeige [gegen die rot-grüne Regierung wegen Beihilfe zum Angriffskrieg gegen den Irak/MGR] damit, **dass ›nur die Vorbereitung an einem Angriffskrieg und nicht der Angriffskrieg selbst strafbar‹ seien,** ›sodass auch die Beteiligung an einem von anderen vorbereiteten Angriffskrieg nicht strafbar ist‹.«[217]

Paragraf 80 StGB wurde zum 1. Januar 2017 dann auch nahezu unbemerkt von der Öffentlichkeit aus dem deutschen Strafgesetzbuch entfernt. Wenn man diesen heute in den juristischen Datenbanken aufruft, sieht man Folgendes:

Strafgesetzbuch
(StGB)

§ 80

(weggefallen)[218]

Ausgerechnet in Zeiten, in denen die Bundesrepublik in verschiedene Konflikte und Angriffskriege involviert war, wurde der »Angriffskriegs-Paragraf« aus dem Strafgesetzbuch entfernt. Die offizielle Darstellung: Der ab dem 1. Januar 2017 neu ins Strafgesetzbuch eingefügte § 80a »Aufstacheln zum Verbrechen der Aggression«, der auf § 13 des deutschen Völkerstrafgesetzbuches verweist, sollte den »Ersatz« darstellen.

Es gab und gibt dazu wilde Verschwörungstheorien im Netz. Jürgen P. Lang stellte zum Wegfall des § 80 StGB auf Br.de jedoch fest:

»Damit kommt der Gesetzgeber einer Vereinbarung der sogenannten Vertragsstaaten des Römischen Statuts nach, die die
Rechtsgrundlagen des Internationalen Strafgerichtshofs festle-
gen. Der Bundestag folgte schlicht dem Grundsatz, wonach die
einzelnen Staaten völkerrechtliche Verbrechen verfolgen müssen – und der Strafgerichtshof nur dann einschreitet, wenn dies
nicht der Fall ist. Geändert wurde in diesem Zusammenhang
auch der Paragraf 80a des Strafgesetzbuchs, der nun das ›Aufstacheln zum Verbrechen der Aggression‹ ahndet – ›Aufstacheln
zum Angriffskrieg‹ hatte es bislang geheißen. Die neue Formulierung passt sich dem Sprachgebrauch des Internationalen Völkerrechts an und ist weiter gefasst als der Begriff des ›Angriffs-
kriegs‹.«[219]

Strafgesetzbuch (StGB)

§ 80a Aufstacheln zum Verbrechen der Aggression

Wer im räumlichen Geltungsbereich dieses Gesetzes öffentlich, in
einer Versammlung oder durch Verbreiten eines Inhalts (§ 11 Absatz
3) zum Verbrechen der Aggression (§ 13 des Völkerstrafgesetzbuches) aufstachelt, wird mit Freiheitsstrafe von drei Monaten bis zu
fünf Jahren bestraft.[220]

Um diesen Paragrafen besser verstehen zu können, müssen wir
uns also auch § 13 des Völkerstrafgesetzbuches ansehen. Er lautet:

Völkerstrafgesetzbuch (VStGB)

§ 13 Verbrechen der Aggression

(1) Wer einen Angriffskrieg **führt** oder eine **sonstige Angriffshandlung begeht**, die ihrer Art, ihrer Schwere und ihrem Umfang nach eine offenkundige Verletzung der Charta der Vereinten Nationen darstellt, wird mit lebenslanger Freiheitsstrafe bestraft.

(2) Wer einen **Angriffskrieg** oder eine sonstige Angriffshandlung im Sinne des Absatzes 1 **plant, vorbereitet oder einleitet**, wird mit lebenslanger Freiheitsstrafe oder mit Freiheitsstrafe nicht unter zehn Jahren bestraft. Die Tat nach Satz 1 ist nur dann strafbar, wenn

1. der Angriffskrieg **geführt oder die sonstige Angriffshandlung begangen** worden ist oder

2. durch sie die Gefahr eines Angriffskrieges oder einer sonstigen Angriffshandlung für die Bundesrepublik Deutschland herbeigeführt wird.

(3) Eine Angriffshandlung ist die **gegen die Souveränität, die territoriale Unversehrtheit oder die politische Unabhängigkeit eines Staates gerichtete** oder sonst mit der Charta der Vereinten Nationen unvereinbare **Anwendung von Waffengewalt** durch einen Staat.

(4) Beteiligter einer Tat nach den Absätzen 1 und 2 kann nur sein, wer tatsächlich in der Lage ist, das politische oder militärische Handeln eines Staates zu kontrollieren oder zu lenken.

(5) In minder schweren Fällen des Absatzes 2 ist die Strafe Freiheitsstrafe nicht unter fünf Jahren.[221]

Der Publizist Wolfgang Bittner schreibt dazu (Hervorhebung durch den Autor):

»**Diese Gesetzesbestimmung** bietet – im Gegensatz zu Artikel 26 Absatz 1 Grundgesetz und dem bisherigen Paragrafen 80 Strafgesetzbuch – **einen weiten Spielraum für Interpretationen,** zumal die Charta der Vereinten Nationen völkerrechtswidrige ›humanitäre Interventionen‹, ›präventive Selbstverteidigung‹ oder ›Nothilfe‹ (wie zum Beispiel im Kosovo-Krieg) in der Vergangenheit nicht verhindert hat. **Damit ist der Willkür – wie bisher – Tür und Tor geöffnet.**«[222]

Bittner resümiert:

»**80a StGB stellt also keinen Ersatz für den gestrichenen § 80 StGB dar,** wie von verschiedener Seite behauptet wird [wie z. B. der oben benannte Jürgen P. Lang vom BR/MGR]. Der Gesetzgeber hat vielmehr die bisherige rechtswidrige **Praxis der Kriegsführung durch die deutsche Regierung** und deutsches Militär für die Zukunft **legalisiert** – eines von zahlreichen Beispielen für die fortschreitende Entdemokratisierung in Deutschland.«[223]

Jochen Mitschka ergänzt:

»Während also das Grundgesetz die Bestrafung der Vorbereitung eines Angriffskrieges unter Strafe stellt – unabhängig davon, ob der Krieg verhindert wurde oder nicht (vergleiche versuchter Mord) –, ist laut VStGB die Vorbereitung nur strafbar, wenn sie tatsächlich zu einem Krieg geführt hat. **Diese neue Regelung lässt den Staatsanwälten der Regierung einen weiten Interpretationsspielraum, der es in Zukunft wesentlich erleichtern wird, Anzeigen abzuweisen, falls sie denn überhaupt noch gestellt werden.**«[224]

Wie wir jetzt sehen werden, wurden auch schon in der Vergangenheit völkerrechtswidrige Angriffskriege von den jeweiligen Bundesregierungen toleriert und sogar unterstützt.

Deutschland im NATO-Angriffskrieg gegen Jugoslawien

Im Frühjahr 1996 begann die albanische paramilitärische Organisation UÇK (für viele eine »Terrororganisation«), die für die Befreiung des Kosovo vom Zentralstaat Jugoslawien kämpfte, zum bewaffneten Kampf überzugehen und unternahm Terroraktionen gegen staatliche Einrichtungen und die Zivilbevölkerung, inklusive Bombenattentate auf Flüchtlingslager.[225]

Von Frühjahr 1996 bis Juli 1998 verstärkte die UÇK ihre Offensive und kontrollierte wenige Monate später rund ein Drittel des Kosovo. Die Gebiete wurden als »befreit« deklariert. Die jugoslawische Armee holte in den nächsten Monaten zum Gegenschlag aus und eroberte die meisten von den bis dahin gehaltenen UÇK-Territorien wieder zurück. Auf beiden Seiten wurden Massaker verübt. Die Regierung in Belgrad beklagte zudem zunehmende sezessionistische Tendenzen und berief sich auf das Recht, die auf ihrem Staatsgebiet agierende UÇK zu bekämpfen.

Am 23. September 1998 verurteilte der Weltsicherheitsrat in der Resolution 1199 den »exzessiven Gebrauch von Gewalt« durch Regierungstruppen und Polizeikräfte, forderte aber auch die Führung der Kosovo-Albaner auf, »alle terroristischen Handlungen zu verurteilen«.[226]

Es entwickelten sich vielfache diplomatische Bemühungen zur Lösung des Konfliktes, auch um die Resolutionen des Sicherheitsrates umzusetzen. Alle Bemühungen waren vergebens. Die NATO (nicht die UN!) drohte schließlich Luftangriffe gegen die Bundesrepublik Jugoslawien an und ermächtigte ihren damaligen Generalsekretär Javier Solana zu Militäraktionen.[227]

Am 24. März 1999 nahmen deutsche Soldaten im NATO-Bündnis,[228] das erste Mal seit Ende des Zweiten Weltkrieges, wieder an einem Angriffskrieg teil. Er war zudem *ohne* UN-Mandat und demnach völkerrechtswidrig.

Die NATO griff die Bundesrepublik Jugoslawien an, ohne dafür ein UN-Mandat zu haben und ohne dass ein Mitgliedsland angegriffen und so der Bündnisfall der NATO ausgelöst worden wäre. Von den Befürwortern wurde der Angriffskrieg als »**humanitärer Kriegseinsatz**« bezeichnet, eine Verharmlosung und Irreführung, die bis heute seinesgleichen sucht.

NATO-Streitkräfte begannen jugoslawische Ziele zu bombardieren, um angeblich ethnische Säuberungen im überwiegend von Albanern bewohnten Kosovo zu verhindern. Deutsche Tornados hatten die Aufgabe, jugoslawische Radarstationen »auszuschalten«. Doch bei den NATO-Bombardements auf Belgrad wurden »versehentlich« auch Krankenhäuser, Fernsehsender sowie die chinesische Botschaft getroffen.[229]

HINTERGRUND

NATO-Bomben auf Jugoslawien

Am 24. März 1999 bombardierten NATO-Luftstreitkräfte um 20 Uhr Belgrad, Pristina, Novi Sad und Podgorica. In den darauffolgenden

78 Tagen des Krieges flog die NATO 38 000 Lufteinsätze, 9160 Tonnen Bomben wurden abgeworfen.[230] Zeitweise setzte das westliche »Verteidigungsbündnis« 1000 Flugzeuge ein.[231]

Zum Kriegsende wurden etwa 3500 Zivilisten durch Splitterbomben und Raketen getötet, mehr als 10 000 wurden verletzt, 800 000 Menschen waren auf der Flucht.[232]

Das Fatale: Der Krieg begann – wie bei vielen Kriegen – mit einer Lüge!

Heinz Loquai, General a. D., ehemaliger militärischer Berater bei der deutschen Vertretung der OSZE in Wien, gab dies offen zu:

»Die Legitimationsgrundlage für die deutsche Beteiligung war die so genannte humanitäre Katastrophe, eine solche humanitäre Katastrophe als völkerrechtliche Kategorie, die einen Kriegseintritt rechtfertigte, lag vor Kriegsbeginn im Kosovo nicht vor.«[233]

Nach 78 Tagen NATO-Bombardements lenkte der jugoslawische Bundespräsident Slobodan Milošević am 11. Juni 1999 schließlich ein und zog seine Truppen aus dem Kosovo zurück. Der UN-Sicherheitsrat schickte 50 000 Militärs zur Sicherung der Ordnung in das Gebiet, darunter befanden sich auch 5000 deutsche Soldaten.[234]

BEWERTUNG

Der NATO-Krieg gegen die Bundesrepublik Jugoslawien war ein eindeutiger Verstoß gegen die Charta der Vereinten Nationen und de facto ein Verstoß Deutschlands gegen Artikel 2 des Zwei-plus-Vier-Vertrages. Laut der UN-Charta darf militärische Gewalt gegen einen anderen Staat nur zur Selbstverteidigung bei einem Angriff oder mit Erlaubnis des UN-Sicherheitsrates eingesetzt werden. Jugoslawien hatte aber keinen anderen Staat (und schon gar keinen NATO-Staat) angegriffen, und der UN-Sicherheitsrat hat den Angriffskrieg der NATO gegen Jugoslawien nicht erlaubt.[235] Der damalige Bundeskanzler Gerhard Schröder (SPD) gab später offen zu, dass der Krieg gegen das Völkerrecht verstoßen hatte.[236]

Der Angriffskrieg gegen Afghanistan

11. September 2001: Islamistische Terroristen entführten vier Flugzeuge und verübten mit ihnen Selbstmordattentate auf wichtige zivile und militärische Gebäude in den USA. Zwei Flugzeuge krachten in die Türme des World Trade Centers in New York und eines in das Pentagon in Arlington. Das vierte Flugzeug stürzte nach Kämpfen der Passagiere mit den Entführern bei Shanksville ab. Mehr als 3000 Menschen, hauptsächlich US-Amerikaner, starben an diesem Tag. Die Täter wurden der islamistischen Terrororganisation al-Qaida zugeordnet, die in Afghanistan ihre Hauptbasis unterhielt. Die USA reagierten mit einem Angriff auf Afghanistan, um die Terrororganisation zu zerschlagen.[237]

Die Worte der »uneingeschränkten Solidarität« kamen Bundeskanzler Schröder und seinem Außenminister Joschka Fischer[238] schnell über die Lippen. So kam es, wie es kommen musste: ein erneuter Krieg mit deutscher Beteiligung. Die Amerikaner griffen mit einer »Koalition« Afghanistan an und bombten das ohnehin schon arme Land de facto in die Steinzeit zurück. Der Autor Jochen Mitschka schreibt:

»Die Bundesregierung, und insbesondere die Fraktion der Grünen, drängte offensichtlich förmlich darauf, endlich wieder bei einem Krieg mitspielen zu dürfen. Allerdings einmal mehr auch im Widerspruch zum Geist des Grundgesetzes«,[239] und ich füge hinzu, aufgrund der Militärhilfe zu einem Angriffskrieg auch entgegen Artikel 2 des Zwei-plus-Vier-Vertrages.

Norman Paech, Professor für Öffentliches Recht an der Hochschule für Wirtschaft und Politik und der Universität Hamburg i. R., ergänzt (Hervorhebungen durch den Autor):

»Schon einen Tag nach dem historischen Anschlag auf das World Trade Center wusste die US-Regierung, wer ihn zu verantworten hatte und wo der Verantwortliche sich aufhielt. Sie beantragte am 12. September 2001 bei dem UN-Sicherheitsrat ein Mandat für einen Angriff auf Afghanistan, wo sich Bin Laden versteckt hielt. **Doch der Sicherheitsrat verweigerte ein derartiges Mandat.** In seiner Resolution 1368 vom gleichen Tag sah er in dem Anschlag zwar eine ›Bedrohung des Weltfriedens und der internationalen Sicherheit‹, die gemäß Art. 39 und 42 UNO-Charta Voraussetzung für eine militärische Antwort ist. **Er stufte die Angriffe jedoch als ›terroristische Handlungen‹ ein, auf die nicht wie auf Kriegsakte mit militärischen Mittel[n] der UNO-Charta reagiert werden kann.** Terrorakte sind Gewalt von nichtstaatlichen Akteuren gegen

Zivilisten oder zivile Objekte und werden nach den zahlreichen Anti-Terrorkonventionen bekämpft.«[240]

Weiter:

»Am 7. Oktober teilte Botschafter Negroponte dem Sicherheitsrat mit, dass die **USA nunmehr ihr Recht auf Selbstverteidigung** gemäß Art. 51 UNO-Charta **in Anspruch nehmen wollten.** Die ›Operation Enduring Freedom‹ (OEF) dauerte bis zum 31. Dezember 2014. Doch auch diese Recht[s]grundlage trifft nicht zu, **da terroristische Handlungen kein Recht auf Selbstverteidigung mit militärischen Mitteln auslösen. Es gab damals keine Beweise, dass die Taliban als afghanische Regierung hinter den Anschlägen standen.** Wie Verteidigungsminister Powell in einem Interview mit der ›New York Times‹ sagte, **gab es nicht einmal Indizien gegen Bin Laden. Eine Anklage hätte nicht einmal vor einem normalen Strafgericht standgehalten.**[241] Es gab **schlicht keine völkerrechtliche Grundlage**[242] für den Angriff auf Afghanistan.«[243]

BEWERTUNG

Nachdem Rot-Grün mit dem Jugoslawien-Kosovo-Angriffskrieg dem ersten Kriegseinsatz Deutschlands nach dem Zweiten Weltkrieg zugestimmt hatte, stimmte die Regierung nun auch erstmals in der Geschichte der Bundesrepublik einem Kampfeinsatz von deutschen Soldaten außerhalb Europas zu,[244] der wiederum vom Völkerrecht nicht gedeckt war. Ein klarer Bruch des Zwei-plus-Vier-Vertrages.

Der Angriffskrieg gegen den Irak

Der Zweite Irakkrieg, der am 20. März 2003 mit der Bombardierung Bagdads begann, war ebenso ein völkerrechtswidriger Angriffskrieg der USA, Großbritanniens und einer »Koalition der Willigen«, welche die Amerikaner um sich geschart hatten. Nur durch Lügen und die Vorspiegelung falscher Tatsachen konnte die Invasion der Öffentlichkeit plausibel gemacht werden.[245] Wer erinnert sich nicht an die von den USA am 5. Februar 2003 im Weltsicherheitsrat propagierten angeblichen irakischen Massenvernichtungswaffen und vermeintlichen Verbindungen Saddam Husseins zu al-Qaida? Nichts davon stimmte.[246] Alles Lug und Trug, um einen Regimewechsel im Irak durchzuführen und um die reichen Bodenschätze plündern zu können.

Die Gesamtzahl der Todesopfer des Irakkrieges liegt je nach Schätzung zwischen 200 000 und 1 Million Menschen. Die renommierte medizinische Fachzeitschrift *Lancet* kam auf eine Zahl von über 650 000 »zusätzlichen Todesfällen«.[247]

Der Göttinger Straf- und Völkerrechtler Kai Ambos sagte über die völkerrechtlichen Aspekte des Irakkrieges:

»Die Invasion im Irak hatte keine Grundlage durch eine Resolution des UN-Weltsicherheitsrates. Daneben bleibt nur die Möglichkeit, die Gewaltanwendung über eine Selbstverteidigung zu rechtfertigen, über Artikel 51 der UN-Satzung. Was in diesem Fall offensichtlich auch nicht gegeben war.«[248]

Und auch Deutschland mischte bei diesem völkerrechtswidrigen Krieg wieder kräftig mit. Jochen Mitschka:

»Offiziell war Deutschland nicht Teil der Invasionstruppen, und nur das wurde der Öffentlichkeit gesagt. Tatsächlich war

Deutschland sehr intensiv an den Kriegshandlungen beteiligt, wie die sogenannten Bagdad-Protokolle enthüllten«,[249] und das bei einem offiziellen »Nein« durch den damaligen Bundeskanzler Gerhard Schröder (SPD),[250] für das er bis heute gefeiert wird.

Die verschwiegene Wahrheit: Im Hintergrund arbeiteten BND-Agenten schon lange mit dem Pentagon zusammen und verschafften den Amerikanern wichtige Informationen zur Führung des Krieges.[251] Das bewiesen die von Jochen Mitschka oben angesprochenen und später an die Öffentlichkeit gekommenen »geheimen« Bagdad-Protokolle.[252]

General a. D. James Marks vom militärischen Geheimdienst der USA gibt sogar unumwunden die deutsche Beteiligung zu. Er erinnert sich:

»Das deutsche Team hat durch seine Bemühungen das Leben amerikanischer Soldaten gerettet, nicht das von Zivilisten, wie Steinmeier und der BND noch heute behaupten.«[253]

US-Oberst Carol Stewart ergänzt:

»Ich wusste, dass die Deutschen gegen den Krieg waren, und deshalb war ich erstaunt, dass sie sich während des Krieges so aktiv und hilfreich für unsere Sache einsetzten.«[254]

Die BND-Agenten erhielten für ihre willigen Dienste für die US-Armee sogar die Meritorious Service Medal verliehen, eine der höchsten militärischen Auszeichnungen für Ausländer, die es in den Vereinigten Staaten zu verleihen gibt.[255]

Wohlbemerkt: Das alles geschah unter Ausschluss der Öffentlichkeit, der nach wie vor das Theater vom »Friedenskanzler Schröder« vorgespielt wurde.

> ### BEWERTUNG
>
> Durch die Mithilfe des BND im Irakkrieg war Deutschland nicht nur an einem laufenden Angriffskrieg aktiv beteiligt, sondern ebenfalls an der grundgesetzlich verbotenen Vorbereitung eines Angriffskrieges.[256] Ein Verstoß gegen den Zwei-plus-Vier-Vertrag.

Der Angriffskrieg gegen Libyen

Ein weiterer Angriffskrieg war der gegen Libyen, der am 20. März 2011 begann. Ähnlich wie im Irakkrieg nahm Deutschland offiziell nicht am Kampf gegen Muammar al-Gaddafi teil, der im Westen wie kein anderer verteufelt wurde. Damit man mich nicht falsch versteht: Das Regime von Gaddafi war repressiv, da gibt es keine Zweifel. Ich habe jedoch mit einigen Menschen gesprochen, die damals noch unter Gaddafi gelebt haben. Sie erklärten mir, dass die »Diktatur« auch positive Seiten gehabt habe. Zum Beispiel:

- Gaddafi bot den Menschen einen der höchsten Lebensstandards in Afrika,
- bot Migranten Arbeitsplätze,
- gewährleistete Krankenversorgung, Nahrung und Sicherheit,
- sorgte für kostenlose Bildung und
- realisierte das größte Wasserkontrollprojekt in der Geschichte der Menschheit, um dem ganzen Land sauberes Trinkwasser zur Verfügung zu stellen.[257]

Außerdem

- hatte Libyen keine Auslandsschulden, im Gegenteil, es verfügte über ein Vermögen von 150 Milliarden Dollar,
- war die Gleichheit von Mann und Frau gesetzlich festgelegt,
- musste keiner hungern,
- kam die Verstaatlichung der Ölindustrie allen Menschen in Libyen zugute,
- plante Gaddafi mit den riesigen Goldvorräten, Afrika mit einer goldgedeckten Währung zu einigen.[258] Der Diktator hatte nämlich Gold- und Silberreserven von jeweils ungefähr 143 Tonnen angehäuft, die dann nach der Zerstörung des Landes schnell spurlos verschwanden.[259]

Soweit also die Innenansichten einer diktatorischen Herrschaft, die hierzulande als das Reich des Bösen dargestellt wurde, um einen völkerrechtswidrigen Angriffskrieg zu rechtfertigen. Der Leser kann die damaligen Zustände mit den **heutigen** chaotischen und katastrophalen Zuständen im bürgerkriegsgeschüttelten Libyen gerne vergleichen. Das Land ist derzeit weitgehend ohne staatliche Autorität. In zwei Bürgerkriegen (2014 und 2019) konnte keine Konfliktpartei die Oberhand gewinnen. Die Interventionen von Regional- und Großmächten (die nationale Einheit, die libysche Nationalarmee, die Terrororganisation IS, die USA, Frankreich, Italien, Türkei und Russland) spielen eine entscheidende Rolle in dem Konflikt. Es geht auch hier um die riesigen Erdöl- und Erdgasvorkommen im Land.[260]

Hinzu kommt, dass nicht widerlegt ist, dass bereits **während** des Krieges Ölverträge über mehr als ein Drittel des libyschen

Öls mit französischen Firmen abgeschlossen worden waren.[261] Außerdem verfolgte der damalige französische Präsident Sarkozy mit US-amerikanischer Unterstützung schlichtweg eine brutale, militärgestützte Regimewechselpolitik in Libyen.[262]

Ähnlich wie heute mit der Ukraine waren es damals auch die Grünen, die »Pazifistenpartei«[263], die auf eine deutsche Kriegsbeteiligung drängten. Der Journalist Uwe Ness beschrieb deren Verhalten so (Hervorhebungen durch den Autor):

»Daniel Cohn-Bendit hingegen, Fraktionsvorsitzender der GRÜNEN im Europäischen Parlament, sprach sich drei Tage später vehement **für** eine sogenannte Flugverbotszone über Libyen aus, **leugnete im ZDF-Interview, dass dies Krieg bedeute, und nahm gleichzeitig eine Zustimmung der GRÜNEN zum NATO-Krieg gegen Libyen vorweg.** Die **Beweise** hingegen für die angebliche ›systematische Bombardierung von Zivilisten‹ in Tripolis, so wie Cohn-Bendit und andere sie unterstellten und welche die **Rechtfertigung** für die am 18. März [2011/MGR] gefasste UNO-Resolution 1973 darstellte, wurden **nie vorgelegt.** Dies **gestand selbst die Bundesregierung** in der Parlamentarischen Anfrage 17/5666 der Abgeordneten Sevim Dagdelen (DIE LINKE) **ein,** ebenso wie eine britische Delegation aus Menschenrechtsaktivisten diese angeblichen Bombardierungen in Tripolis nach einer Libyen-Reise bestritt. Doch solche Fragen stellten DIE GRÜNEN erst gar nicht. Nicht nur, dass sich gegen **Cohn-Bendits offenkundige Kriegstreiberei** keinerlei Widerstand regte, nein, das ›beschlusshöchste‹ Gremium zwischen den Parteitagen, der Länderrat, hieß die UNO-Resolution 1973 am 19. März auf seiner Tagung in Mainz gut. In der Folgezeit wurde unter dem **Deckmantel einer ›Schutzverantwortung** für die Bevölkerung‹ massiv zugunsten der Rebellen [die gegen Gaddafi kämpften und, wie sich später herausstellte, von den USA und Frankreich unterstützt wurden/MGR] eingegriffen, um einen **völkerrechtswidrigen Regierungswechsel** zu bewerkstelligen.«[264]

Jochen Mitschka ergänzt das politisch-mediale Vorgehen, das dem heutigen Ukraine-Szenario 1:1 gleicht (Hervorhebungen durch den Autor):

»Die **Grünen forderten bewaffnete Hilfskonvois, Waffen für die Rebellen, mehr Soldaten für Auslandseinsätze.** Jeder, der **die Geschichten bezweifelte,** mit denen die angeblichen Gräueltaten des Diktators beschrieben wurden, war **ein ›Diktatorfreund‹,** half angeblich, dass die Soldaten Gaddafis vergewaltigen und Kinder töten konnten, um nur Einiges aus der absurden Kriegsrhetorik zu erwähnen. **Dass sich sämtliche Behauptungen später in Luft auflösten, blieb in den Medien weitgehend unberichtet.** Sowohl die Medien, die unisono den Krieg gefordert hatten, als auch **die Politiker, die insgeheim den Krieg der Verbündeten Frankreich und Großbritannien stillschweigend unterstützt hatten,** vermeiden es, in allen Stellungnahmen zum derzeitigen Chaos und Blutvergießen in Libyen zu erwähnen, dass der NATO-Krieg gegen Libyen die Ursache für die heutige humanitäre Katastrophe war. **Und wieder waren die Medien maßgeblich an der Verbreitung von Lügen, gefälschten Berichten und Bildern beteiligt.**«[265]

Deutschlands offizielle Position war erneut die, dass es **nicht** am Krieg gegen Gaddafi beteiligt war. Doch am 19. August 2011 berichtete *Der Spiegel,* dass deutsche Soldaten **insgeheim** der NATO dabei halfen, Bombenziele auszuwählen und zu treffen.

Die Bundesregierung musste dies auf parlamentarische Nachfrage zähneknirschend einräumen. Mehr als hundert deutsche Soldaten sollen »an der Führung des Libyen-Einsatzes« beteiligt gewesen sein. Sie wirkten »unter anderem an der Auswahl militärischer Ziele sowie der Übermittlung von Befehlen an Awacs-Überwachungsflugzeuge« mit.[266] Wie später herauskam, waren es sogar an die 400 deutsche Soldaten, die sich am Angriffskrieg gegen Libyen beteiligten, einschließlich General Manfred Lange.[267]

Die Unterstützung der Deutschen erfolgte im Rahmen der NATO:

- bei der Durchsetzung des Waffenembargos zur See,
- bei der Durchsetzung der Flugverbotszone im Luftraum sowie
- bei der Kampagne zur Bombardierung strategischer Ziele beziehungsweise militärischen Bekämpfung regimetreuer Kräfte.[268]

Außerdem wurden die Operationen aus dem Hauptquartier des Afrika-Kommandos in Stuttgart beziehungsweise dem US-Luftwaffenstützpunkt in Ramstein koordiniert.[269] Am 28. März 2011 stimmte die Bundesrepublik im NATO-Rat schließlich der Übernahme der erweiterten Luftoperation gegen regimetreue Kräfte durch die NATO zu.[270]

Der Schweizer Friedensforscher und Publizist Daniele Ganser sagte in einem Interview:

»2011 haben die USA zusammen mit Frankreich und Großbritannien Libyen erneut angegriffen. Diesmal gab es zwar ein

Mandat der UNO, aber nur für eine Flugverbotszone. Die NATO-Länder kümmerte das aber nicht, sie führten einen *Regime Change* durch, Gaddafi wurde in der Wüste begraben, auch das war völlig illegal und durch die UNO-Resolution nicht abgedeckt.«[271]

Sebastian Harnisch schrieb in seiner Publikation »Deutschlands Rolle in der Libyen-Intervention« für die Uni Heidelberg:

»Vergleicht man das Verhalten der Bundesrepublik nach der Verabschiedung von UN-Sicherheitsresolution 1973 mit dem anderer NATO-Mitgliedstaaten und afrikanischer Staaten, so nimmt die Bundesrepublik eine loyale und keine oppositionelle Gefolgschaftsrolle gegenüber der von Frankreich und Großbritannien propagierten militärisch-gestützten Regimewechselpolitik ein. Loyale Gefolgschaft ist gekennzeichnet durch eine offene politische Unterstützung der Ziele der Interventionskoalition und durch die militärische Ermöglichung der Umsetzung in den etablierten militärischen Organisationen.«[272]

Sogar die FAZ musste sehr viel später eingestehen:

»Die NATO hat das Plazet der Uno missbraucht. Ihre Mission in Libyen hat das Völkerrecht wohl nachhaltig beschädigt.«[273]

BEWERTUNG

Der Angriffskrieg der NATO gegen Libyen mit Deutschlands Hilfe war wiederum ein Verstoß gegen den Zwei-plus-Vier-Vertrag, da der Regime-Change nicht vom Völkerrecht gedeckt war.

Der Angriffskrieg gegen Syrien

Beim nächsten bewaffneten Konflikt war Deutschland wieder dabei. Gemeint ist der Krieg gegen Syrien.

Auch dieser Angriffskrieg gegen den syrischen Machthaber Baschar al-Assad wurde mit falschen Anschuldigungen begonnen. Der US-Journalist Tim Anderson zeichnet die hundertfachen Lügen und Falschmeldungen in seinem hervorragend recherchierten Buch *Der schmutzige Krieg gegen Syrien: Washington, Regime Change, Widerstand* minutiös auf,[274] weswegen ich an dieser Stelle nicht gesondert darauf eingehen möchte.

Nur so viel: Deutschland war von Anfang an involviert. Am 20. August 2012 berichtete *Spiegel Online* über die Aktivitäten des Bundesnachrichtendienstes in diesem Krieg:

»Nun jedoch provoziert der BND erneut die Opposition. In einem Pressebericht brüstet sich der Auslandsgeheimdienst mit seiner angeblichen Bedeutung im syrischen Bürgerkrieg. Demnach behalten die Deutschen ihre Erkenntnisse nicht für sich, sondern leiten sie an britische und amerikanische Geheimdienste weiter – und diese an Syriens Rebellen. Er sei ›stolz auf den wichtigen Beitrag des BND zum Sturz des Assad-Regimes‹, lobt sich ein BND-Mitglied in dem Bericht selbst.«[275]

Die politisch Verantwortlichen in Deutschland hatten sich dieses Mal dazu entschlossen, offiziell in den Krieg gegen Syrien einzutreten.[276] Die USA beschlossen mit dem »Syria Freedom Support Act« im März 2012, auch in Syrien einen Regimewechsel durchzuführen – notfalls mit Gewalt. Deutschland und auch die EU folgten auf dem Fuße, und zwar mit der Verhängung vieler Sanktionen, die vor allem die arme Bevölkerung trafen [277]. Jochen Mitschka klagt an:

»Wenn Deutschland dabei hilft, im Rahmen eines Wirtschaftskrieges gegen ein Land Sanktionen so durchzusetzen, dass diese die Wirtschaft des betroffenen Landes weitgehend lahmlegen und im höchsten Maße für die Zivilbevölkerung schädlich sind, dann widerspricht das also nicht nur humanitären Grundsätzen. [...] Während Deutschland also Zahlungen in von Terroristen kontrollierte Gebiete und an zweifelhafte Propagandaorganisationen als ›humanitäre Hilfe‹ ausgibt, zwingt es den größten Teil des Landes, unter einem mörderischen Sanktionsregime zu leben, das immer noch das Ziel hat, die legitime Regierung zu stürzen.«[278]

Und das auch noch völkerrechtswidrig. Die Wissenschaftlichen Dienste des Deutschen Bundestages stellten genau das fest (Hervorhebungen durch den Autor):

»Die völkerrechtliche Literatur sowie die deutsche Presse haben den jüngsten Militärschlag der Alliierten gegen Syrien **einhellig als völkerrechtswidrig** qualifiziert.«[279]

In einem weiteren Gutachten mit dem Titel »Rechtsfragen einer etwaigen Beteiligung der Bundeswehr an möglichen Militärschlägen der Alliierten gegen das Assad-Regime in Syrien« stellten die Wissenschaftlichen Dienste fest, dass ein solcher Militärschlag weder durch eine UNO-Resolution, durch die bisherige Einsatzermächtigung des deutschen Bundestags, noch durch das Völkerrecht gedeckt wäre.[280]

Fakt ist: Die westliche »Koalition« agierte in Syrien ohne einen sie ermächtigenden Sicherheitsratsbeschluss und ohne Einverständnis der syrischen Regierung.[281]

Der Krieg war ein Verstoß gegen das Gewaltverbot der UN-Charta und damit insgesamt völkerrechtswidrig. Das betraf auch den deutschen Beitrag. Was die Bundeswehr dort tat, war ein Bruch des völkerrechtlichen Interventionsverbots.[282]

Ein Staat, der einem anderen Staat bei der Begehung eines völkerrechtswidrigen Handelns hilft oder ihn unterstützt, ist völkerrechtlich dafür verantwortlich.[283] Dennoch unterstützte die deutsche Regierung die Rebellen in großem Stil durch Waffenlieferungen an andere Länder, durchaus in Kenntnis, dass die Waffen von dort an die kämpfenden Rebellen gegen Assad weitergeleitet wurden. Die Aufklärungsbilder der deutschen Tornados wurden dafür verwendet, Angriffe vorzubereiten:[284] So starben bei der Bombardierung einer Schule bei Raqqa am 20. März 2017 durch die USA 33 völlig unbeteiligte Zivilisten. Es waren Flüchtlinge aus anderen Landesteilen. Mitschka:

»Die Aufklärungsbilder stammten von Tornados der Bundeswehr, die nicht selbst bombt, aber bomben lässt [...].«[285]

BEWERTUNG

Außer mit den bereits beschriebenen Hilfen unterstützte Deutschland den völkerrechtswidrigen Angriffskrieg gegen Syrien zusätzlich durch die Zurverfügungstellung der US-Basis in Ramstein. Sie funktionierte als Drehscheibe für US-Waffentransporte an die syrischen Rebellen.[286] Ein erneuter Bruch des Zwei-plus-Vier-Vertrages.

Durch die rücksichtslosen Unterstützungen deutscher Regierungen für die (völkerrechtswidrigen) Angriffskriege gegen Jugoslawien, Afghanistan, Irak, Libyen und Syrien brach Deutschland den Zwei-plus-Vier-Vertrag gleich mehrfach.

TEIL 4

Kündigen die Russen den Zwei-plus-Vier-Vertrag?

I. Die russische Sicht

Wie ich in diesem Buch dargelegt habe, brach Deutschland den Zwei-plus-Vier-Vertrag gleich mehrfach, weshalb folgende Frage erlaubt sein sollte: Welche Rechte hat ein Vertragspartner, wenn der andere den gemeinsam unterschriebenen Vertrag bricht? – Richtig! Er hat das Recht, von diesem Vertrag zurückzutreten oder ihn aufzukündigen.

Ende Februar 2024 forderte die Gemeinschaft der Krimdeutschen dann auch genau das: Russland solle das Zwei-plus-Vier-Abkommen aufkündigen. Eine entsprechende Petition ging im Oberhaus des russischen Parlaments ein.[287]

Der Leiter der national-kulturellen Autonomie der Krimdeutschen, Juri Hempel, hatte die Kündigung des Abkommens gefordert. Er sagte gegenüber RIA Nowosti, dass das Abkommen »nicht wirklich umgesetzt wird und gekündigt werden sollte«. Dieser Vorschlag fand und findet seither immer mehr Unterstützer im russischen Parlament.[288]

Der AfD-Abgeordnete Matthias Moosdorf wies in einer Bundestagsdebatte am 22. Februar 2024 darauf hin,[289] doch die übrigen Parlamentarier schien das nicht besonders zu interessieren. Ganz anders die Russen. Alexej Danckwardt schrieb auf RT:

»In gewisser Weise kann ich das sogar nachfühlen: Der 1990 von DDR und BRD einerseits und den vier Siegermächten UdSSR, USA, Frankreich und Großbritannien andererseits ausgehandelte ›Vertrag über die abschließende Regelung in Bezug auf Deutschland‹ steht für die deutsche Einheit und die Einbindung des vereinten Deutschlands in transatlantische Bündnisse und Abhängigkeiten. Die Entwicklung, die dieses vereinte Deutschland in den letzten 30 Jahren genommen hat, war mit Sicherheit nicht die, die wir uns 1990 in einem positiven Szenario ausmalten.«[290] Und weiter:

»Der deutsche Imperialismus und Militarismus erheben immer selbstbewusster ihre Häupter, deutsche Waffen töten wieder russische Soldaten und Zivilisten, wir stehen so nah an der Schwelle zum Dritten Weltkrieg wie noch nie seit der Kuba-Krise. Innenpolitisch sieht es nicht besser aus: Mit der Wirtschaft geht es bergab, Lebensmittel und Energie werden unerträglich teuer und für die Bürger der ehemaligen DDR steht die ›Wiedervereinigung‹ ohnehin für eine weltweit beispiellos rasante Deindustrialisierung.«[291]

Die Diskussion über die mögliche Kündigung des Zwei-plus-Vier-Vertrages hat begonnen. Das Anliegen der Krimdeutschen wird von mehreren Senatoren unterstützt. So zum Beispiel vom einflussreichen Föderationsratsmitglied Sergei Zekow, der in der Vergangenheit oft als informeller Sprecher einer Mehrheit im Oberhaus des russischen Parlaments auftrat. Zekow sagte gegenüber RIA Nowosti, dass Deutschland »eindeutig« die Bestimmungen des Zwei-plus-Vier-Vertrages »ignoriere«.[292]

In der Duma, der Abgeordnetenkammer des Parlaments in Moskau, werden inzwischen ebenfalls Stimmen laut, die das Anliegen unterstützen. Dmitri Belik, ein Mitglied des Auswärtigen Ausschusses der Duma, erklärte, die Aufkündigung des Abkommens wäre gerecht und käme zur rechten Zeit.[293]

Am 9. März 2024 wurde bekannt, dass Russland bis zu 15 000 Abkommen mit »Feindstaaten« kündigen will. Die Initiative geht vom Föderationsrat aus und kann nach einer Fachprüfung dem russischen Präsidenten vorgelegt werden. Darunter soll auch der Zwei-plus-Vier-Vertrag sein.[294] Die Arbeit an den Vorschlägen ist bereits im Gange, so RT.de. Auf der Plenarsitzung am 6. März 2024 beauftragte die Sprecherin des Föderationsrates, Walentina Matwijenko, den Rat, gemeinsam mit dem Außenministerium und den parlamentarischen Fachausschüssen internationale Abkommen zu prüfen, veraltete und für Russland nachteilige Abkommen zu identifizieren und deren Kündigung vorzubereiten. Das kann noch einige Zeit dauern. Doch Präsident Putin hat laut Verfassung das Recht, die Kündigung internationaler Verträge zu veranlassen.[295]

Inwieweit der Zwei-plus-Vier-Vertrag in der neuen politischen Realität noch den russischen Interessen entspricht, ist schon seit Wochen auch ein Thema in den russischen Medien.[296] Der russische Politanalyst Fjodor Lukjanow hält es für folgerichtig, dass Russland an dem Abkommen rütteln könnte. In einem Artikel für die russische Parlamentszeitung *Rossijskaja gaseta* wies er auf den Artikel 2 des Vertrages hin, in dem beide deutsche Regierungen versichern, dass »von deutschem Boden nur Frieden ausgehen wird« und »Handlungen, die den Frieden zwischen den Völkern stören können und sollen, insbesondere die Vorbereitung eines Angriffskrieges, verfassungswidrig und strafbar sind«. An diesem Punkt sei die Diskussion über Rücktrittsoptionen wahrscheinlich ein Signal.[297]

Auch in Posts auf Facebook und Telegram diskutieren Hunderte russische User über die Kündigung des Zwei-plus-Vier-Vertrages, da Deutschland (mithilfe der Ukraine) entgegen den Festlegungen des Vertrages Waffen gegen Russland (als Rechtsnachfolger der UdSSR) einsetze.[298] Der Zwei-plus-Vier-Vertrag hat aber keine »Kündigungsklausel«. Thomas Röper schreibt auf *Anti-Spiegel* über das Szenario des russischen Ausstiegs aus dem Vertrag:

»Allerdings könnte Russland die Ratifikation wieder zurückziehen. Völkerrechtlich ist das ein umstrittenes Vorgehen, aber da die Bundesregierung [...] mehrmals und fortgesetzt gegen den Vertrag verstoßen hat, hätte Russland gute Argumente dafür, sich seinerseits nicht mehr an den Vertrag gebunden zu fühlen.«[299]

BEWERTUNG

Als objektiver Beobachter sollte man sich in beide Seiten hineinversetzen. Aus Sicht der Russen wäre eine Kündigung des Zwei-plus-Vier-Vertrages folgerichtig und somit die Rache an einem Deutschland, das sich quasi als Marionette im Stellvertreterkrieg der USA gegen Russland präsentiert und Tausende von Waffen liefert, mit deren Hilfe Tag für Tag russische Soldaten getötet werden.

II. Verheerende Auswirkungen auf Deutschland

So steht die alles entscheidende Frage im Raum: Was könnte die russische Aufkündigung des Zwei-plus-Vier-Vertrages ändern? Würden sich wirklich alle Entwicklungen der letzten 35 Jahre damit zurückdrehen lassen? Würden die DDR und die BRD quasi »wiederauferstehen«?

So einfach geht das sicher nicht. Doch in der **Theorie** gibt es verschiedene fatale, sogar katastrophale Auswirkungen, wenn die Russen sich aus dem Zwei-plus-Vier-Vertrag verabschieden würden. Ich möchte einige davon nun skizzieren:

- **Deutsche Souveränität:** Die völkerrechtliche Grundlage für die deutsche Einheit und Souveränität würde entfallen.[300] Russland könnte zudem die heutige Bundesrepublik Deutschland nicht mehr als Staat anerkennen, was einen Abbruch der diplomatischen Beziehungen bedeuten dürfte.[301]
- **Alte Grenzziehung:** Die Grenzen zwischen der Bundesrepublik Deutschland und der Deutschen Demokratischen Republik, die vor dem 3. Oktober 1990 bestanden haben, könnten wiederhergestellt werden.[302]
- **Besatzungsrechte:** Die Besatzungsrechte und -pflichten der vier Mächte in Deutschland könnten wieder aufgenommen werden, insbesondere in Berlin, das erneut in vier Sektoren aufgeteilt werden könnte.[303] Zudem könnten die USA, Frankreich und Großbritannien mit einer neuen De-facto-

Besatzung ihren größten europäischen »Konkurrenten« ein für alle Mal schwächen und kontrollieren.

- **Keine internationale Anerkennung mehr:** Die Anerkennung des wiedervereinten Deutschlands als Mitglied der Vereinten Nationen, der Europäischen Union, der NATO und anderer internationaler Organisationen könnte zurückgenommen werden.[304]

- **Alle Verträge ungültig:** Alle bilateralen und multilateralen Verträge, die die Bundesrepublik Deutschland seit 1990 abgeschlossen hat, inklusive aller EU-Verträge, müssten neu verhandelt werden.[305]

- **Konfliktpotenzial:** Politische, wirtschaftliche und militärische Spannungen zwischen Deutschland und seinen Nachbarn sowie den vier Mächten könnten eskalieren.[306]

- **Kriegszustand:** Der Waffenstillstand mit den vier Mächten, besonders mit Russland als Rechtsnachfolger der einstigen UdSSR, könnte beendet werden.[307]

- **Bodenreform:** Im Zwei-plus-Vier-Vertrag sind zudem eine Reihe von Verpflichtungen enthalten, die das wiedervereinigte Deutschland übernommen hatte. Darunter finden sich Regelungen für das Gebiet der früheren DDR. Eine davon war die »Bodenreform«, die die »Siegermacht« UdSSR 1946 in ihrem Besatzungssektor durchführte, wodurch Land von Grundstückeignern auf Neubauern aufgeteilt wurde. Ein Protokoll zum Zwei-plus-Vier-Vertrag sichert die dadurch entstandenen Eigentumsverhältnisse »für alle Zeiten«.[308] Wenn Russland den Zwei-plus-Vier-Vertrag aufkündigt, wäre diese Vereinbarung hinfällig. Erben der damals Enteigneten könnten also Restitution

(Wiederherstellung, Wiedergutmachung) fordern, Restitutionsgerichte kennen nämlich keine Verjährung.[309]

- **Beschaffung von ABC-Waffen:** Ein Bestandteil des Zwei-plus-Vier-Vertrages ist der Verzicht Deutschlands auf ABC-Waffen (atomare, biologische und chemische). Auch diese Verpflichtung würde entfallen. Die SPD-Spitzenkandidatin zur Europawahl, Katarina Barley, hat über EU-eigene Atombomben jedenfalls schon nachgedacht.[310]

BEWERTUNG

Eine Aufkündigung des Zwei-plus-Vier-Vertrages wäre eine Katastrophe, wenn oben genannte Szenarien eintreten würden. Nicht nur für Deutschland, sondern auch für die ganze Welt. Dennoch steht die Drohung durch die Russen im Raum. Man täte also gut daran, von Deutschland Erfüllung des immer noch gültigen Vertrages zu verlangen. Doch stattdessen irrlichtert die kriegsbesoffene Ampelregierung sehenden Auges in den Abgrund.

Ich hoffe von ganzem Herzen, dass die von mir skizzierten Szenarien niemals Wirklichkeit werden. Zudem hoffe ich, dass der unsägliche Krieg in der Ukraine endlich ein Ende am Verhandlungstisch findet.

Doch eine vernünftige deutsche Politik, die sich **für Friedensverhandlungen anstatt für weitere Waffenlieferungen** einsetzt, ist mit den rot-grün-gelben Kriegsverlängerern nicht absehbar. Stattdessen führen sie das Land jeden Tag weiter an die Schwelle zum Dritten Weltkrieg. Mit ihrem Kriegsgeschrei riskieren sie lieber, dass Deutschland zu einem Schlachtfeld wird – und der Großteil des politisch-medial verdummten Volkes marschiert wieder im Gleichschritt mit.

>*Wir sollten uns für Frieden einsetzen,*
>*anstatt den Krieg zu finanzieren.*«[311]

(Marjorie Taylor Greene, US-Republikanerin)

Quellen und Anmerkungen

Die Links in den Quellenangaben wurden zum Zeitpunkt der Recherche geprüft und verifiziert. Bei Redaktionsschluss waren die Quellen alle aufrufbar. Sollte dies nach der Drucklegung nicht mehr der Fall sein, so können Online-Artikel oft noch über die Wayback Machine des Internetarchivs (*https://archive.org/web/*) aufgefunden werden. Für Links, die nach der Veröffentlichung von den Seitenbetreibern gelöscht oder verändert wurden, übernehmen Verlag und Autor keine Verantwortung.

1   Wladimir Putin am 30. November 2023;
    https://freeassange.rtde.me/europa/188491-putin-brd-schluckt-alles-weil/.

2   *https://www.ohne-ruestung-leben.de/nachrichten/article/bundestagswahl-2021-wahlprogramme-abruestung-ruestungsexport-friedenspolitik-atomwaffen-431.html*;
    Bundestagswahlprogramm der SPD: *https://www.spd.de/fileadmin/Dokumente/Beschluesse/Programm/SPD-Zukunftsprogramm.pdf*.

3   *https://www.ohne-ruestung-leben.de/nachrichten/article/bundestagswahl-2021-wahlprogramme-abruestung-ruestungsexport-friedenspolitik-atomwaffen-431.html*;
    Wahlprogramm 2021 der Grünen, als PDF:
    https://cms.gruene.de/uploads/documents/Wahlprogramm_DIE_GRUENEN_Bundestagswahl_2021.pdf.

4   *https://www.fdp.de/sites/default/files/2021-06/FDP_Programm_Bundestagswahl2021_1.pdf*.

5   *https://thomas-ehbrecht.de/2022/05/13/schuenemann-russische-kriegspropaganda-im-internet-ist-strafbar-kriegsverherrlichende-videos-im-internet-sofort-loeschen/.*

6   Vgl.: Interview mit Constantin Goschler (Historiker an der Ruhr-Universität Bochum) in der Sendung *Ein Friedensvertrag, der keiner war*, in: Deutschlandfunk vom 11. September 2020 *https://www.deutschlandfunk.de/zwei-plus-vier-vertrag-vor-30-jahren-ein-friedensvertrag-100.html.*

7   Ebd.

8   BGBl. 1990 II, S. 1317.

9   *https://www.bpb.de/themen/deutsche-einheit/zwei-plus-vier-vertrag/.*

10 Grundgesetz für die Bundesrepublik Deutschland Artikel 146: »Dieses Grundgesetz, das nach Vollendung der Einheit und Freiheit Deutschlands für das gesamte deutsche Volk gilt, verliert seine Gültigkeit an dem Tage, an dem eine Verfassung in Kraft tritt, die von dem deutschen Volke in freier Entscheidung beschlossen worden ist.« *https://www.gesetze-im-internet.de/gg/art_146.html.*

11 *http://www.documentarchiv.de/brd/2p4.html.*

12 *https://www.bpb.de/themen/deutsche-einheit/zwei-plus-vier-vertrag/44123/vereinbarte-protokollnotiz-zu-dem-vertrag-ueber-die-abschliessende-regelung-in-bezug-auf-deutschland-vom-12-september-1990/.*

13 *https://www.bpb.de/themen/deutsche-einheit/zwei-plus-vier-vertrag/44124/gemeinsamer-brief-des-bundesministers-des-auswaertigen-und-des-amtierenden-aussenministers-der-ddr-im-zusammenhang-mit-der-unterzeichnung-des-vertrages-ueber-die-abschliessende-regelung-in-bezug-auf-deutschland/.*

14 Vgl.: Wilke, Dieter: »Die Verfassungsentwicklung in Berlin: Vom Ende der Teilung zum Aufstieg zur Bundeshauptstadt«, in: *Jahrbuch des öffentlichen Rechts der Gegenwart.* Neue Folge, Band 51, Tübingen 2003, S. 213.

15 Vgl.: Mager, Ute: *Staatsrecht I: Deutsches Staatsorganisationsrecht unter Berücksichtigung der europarechtlichen Bezüge* (= Studienreihe Rechtswissenschaften; Band 1), Stuttgart 2009, Kap. 4.3.3, Rn. 53.

16 Ein Vertrag als völkerrechtliches Abkommen, der die Rechtsstellung eines Staates, eines Gebietes oder einer internationalen Verkehrsstraße als eine für alle verbindliche Ordnung definiert. Vgl.: Klein, Eckart: *Statusverträge im Völkerrecht. Rechtsfragen territorialer Sonderregime*, Berlin 2012, S. 23 sowie Frowein, J. A.: »Reactions by Not Directly Affected States to Breaches of Public International Law«, in: *Académie de Droit International de la Haye* (Hrsg.), Recueil des Cours 248 (1994-IV), S. 362.

17 Vgl. dazu auch: Cremer, Hans-Joachim; Giegerich, Thomas; Richter, Dagmar et. al. (Hrsg.): *Tradition und Weltoffenheit des Rechts* (Beiträge zum ausländischen öffentlichen Recht und Völkerrecht) Band 152, Berlin/Heidelberg/New York 2002, S. 194.

18 Art. 7, Abs. 2 des Zwei-plus-Vier-Vertrages.

19 Stern, Klaus: *Das Staatsrecht der Bundesrepublik Deutschland, Band V: Die geschichtlichen Grundlagen des deutschen Staatsrechts,* München 2000, S. 2071.

20 Neben der formellen Beendigung des Besatzungsregimes in der Bundesrepublik und der DDR trat auch das Friedensvölkerrecht mit dem Gewalt- und Interventionsverbot voll in Geltung. Vgl.: »Aufzeichnung des Ministerialdirigenten Truckenbrodt vom 10. Juli 1969«, in: *Akten zur Auswärtigen Politik der Bundesrepublik Deutschland* (AAPD) 1969, II, Dok. 231, S. 809 f.

21 Vgl.: von Goetze, Clemens: »Die Rechte der Alliierten auf Mitwirkung bei der deutschen Einigung«, in: NJW 1990, Heft 35, S. 2161, 2167 f.

22 Mit Decret No. 51-883, in Kraft getreten am 13. Juli 1951.

23 Vgl.: Schöllgen, Gregor: *Die Außenpolitik der Bundesrepublik Deutschland. Von den Anfängen bis zur Gegenwart*, München 2004, S. 31.

24 Ebd.

25 Vgl.: von Münch, Ingo (Hrsg.): *Dokumente des geteilten Deutschland*, Stuttgart 1976, Band 1, S. 57 ff. sowie AAPD 1951, Dok. 16 und Dok. 118.

26 Interview mit Dieter Kastrup in der Sendung *Ein Friedensvertrag, der keiner war*, in: Deutschlandfunk vom 11. September 2020, *https://www.deutschlandfunk.de/zwei-plus-vier-vertrag-vor-30-jahren-ein-friedensvertrag-100.html*.

27 Deutschland gewährte z. B. Griechenland einen Kredit über 200 Millionen D-Mark zu besonders günstigen Zinsen und gab großzügige Finanzhilfen, unter anderem für Entwicklungshilfeprojekte und Rüstungsausgaben. Außerdem schloss die Bundesregierung verschiedene Abkommen zur Entschädigung der Opfer des Krieges und des NS-Regimes – bilateral mit mehreren Staaten, auch mit Griechenland (Ebd.).

28 Till Geiger, Historiker am Institut für Zeitgeschichte, in: Ebd.

29 Interview mit Dieter Kastrup, Deutschlandfunk.

30 Ebd.

31 Ebd.

32 Ebd.

33 Ress, Georg in: Beyerlin, Ulrich; Bothe, Michael; Hofmann, Rainer et. al. (Hrsg.): *Recht zwischen Umbruch und Bewahrung* (Festschrift für Rudolf Bernhardt), Berlin/Heidelberg/New York 1995, S. 832.

34 Quaritsch, Helmut: »Das Selbstbestimmungsrecht des Volkes als Grundlage der deutschen Einheit«, in: Isensee, Josef; Kirchhof, Paul (Hrsg.): *Handbuch des Staatsrechts*, Band XI, Heidelberg 2013, § 229, Rn. 97.

35 Ebd., HStR XI, § 229, Rn. 100 f.

36 Zitiert in: Lillteicher, Jürgen: »Aufgeschoben ist nicht aufgehoben. Die Bundesrepublik zwischen Reparationsblockade und Entschädigungsdiplomatie vor und nach dem Zwei-plus-Vier-Vertrag«, in: Lillteicher, Jügen; Geiger, Tim; Wentker, Hermann (Hrsg.):

Zwei plus Vier. Die internationale Gründungsgeschichte der Berliner Republik, Berlin/Boston 2021, S. 82 f.

37 Vgl.: Goschler, *Ein Friedensvertrag, der keiner war …*

38 Das Londoner Schuldenabkommen wurde 1953 von rund zwanzig Staaten geschlossen. Es regelte Deutschlands offene Auslandsschulden – Kredite, die zu großen Teilen aus der Zeit nach dem Ersten Weltkrieg stammten. Die Staaten einigten sich, die gleichfalls vorhandenen Reparationsforderungen an Deutschland nicht jetzt, sondern später in einem Friedensvertrag zu regeln, den es allerdings nur mit einem vereinigten Deutschland geben konnte (Ebd.).

39 Lillteicher, Jürgen, S. 77 ff.

40 US-Präsident Roosevelt brachte 20 Milliarden US-Dollar als Verhandlungsgrundlage ein. Doch man konnte sich nicht einigen. Der Reparationskommission gelang es nur, einen Verteilungsschlüssel festzulegen: Danach sollte die Sowjetunion 56 Prozent erhalten und die beiden Westmächte je 22 Prozent, verbunden jeweils mit der Verpflichtung, 10 Prozent zur Befriedigung der Reparationsansprüche weiterer Staaten zur Verfügung zu stellen. Ein Statement of Principles zu den deutschen Reparationsverpflichtungen, was ihre Hauptaufgabe gewesen war, brachte die Kommission nicht zustande. Mitte Juli 1945 wurden die Beratungen wegen unüberbrückbarer Gegensätze abgebrochen. Durch Demontagen der deutschen Wirtschaft bediente sich jede Siegermacht schließlich selbst (vgl.: Graml, Hermann: *Die Alliierten und die Teilung Deutschlands. Konflikte und Entscheidungen 1941–1948*, Frankfurt am Main 1985, 82 ff.)

41 Deutscher Bundestag (Hrsg.): Anfragebeantwortung des Parlamentarischen Staatssekretärs beim Bundesminister der Finanzen, Karl Diller – 15. Wahlperiode: Antwort der Bundesregierung auf eine Anfrage im Bundestag (Nr. 22), BT-Drs. 15/414, 7. Februar 2003, S. 16, *https://dserver.bundestag.de/btd/15/004/1500414.pdf*.

42 Genscher, Hans-Dietrich: *Erinnerungen*, Berlin 1995, S. 846.

43 *https://www.deutschlandfunk.de/zwei-plus-vier-vertrag-alle-forderungen-erledigt-100.html*.

44 Vgl.: Kau, Marcel: »Der Staat und der Einzelne als Völkerrechtssubjekte«, in: Vitzthum, Wolfgang Graf; Proelß, Alexander (Hrsg.): *Völkerrecht*, Berlin/Boston 2019, S. 242 f., Rn. 145; sowie Lillteicher, Jürgen: *Aufgeschoben ist nicht aufgehoben*, S. 78.

45 Auswärtiges – Antwort – hib 340/2015 vom 30. Juni 2015: Völkerrechtssubjekt »Deutsches Reich« *https://www.bundestag.de/webarchiv/presse/hib/2015_06/380964-380964*; Vgl. dazu auch: BVerfGE 77, 137 (150 ff.) – Teso; von Münch, Ingo: *Die deutsche Staatsangehörigkeit. Vergangenheit – Gegenwart – Zukunft*, Berlin 2007, S. 103 ff.; Schweitzer, Michael: *Staatsrecht III. Staatsrecht, Völkerrecht, Europarecht*, Heidelberg 2010, S. 262, Rn. 636.

46 LG Bonn, Urteil vom 5.11.1997, 1 O 134/92, abgedruckt in: Barwig, Klaus; Saathoff, Günter; Wyde, Nicole (Hrsg.): *Entschädigung für NS-Zwangsarbeit*, Baden-Baden 1998, S. 263 sowie *https://www.bundestag.de/resource/blob/579362/47b6ac 2d55fcb4c12dfcce3cedc0e7d0/WD-2-149-07-pdf-data.pdf*, S. 4f.

47 BGH, Urteil vom 26.6.2003, III ZR 245/98, S. 15. sowie: *https://www.bundestag.de/resource/blob/579362/47b6ac2d55f cb4c12dfcce3cedc0e7d0/WD-2-149-07-pdf-data.pdf*, S. 5.

48 *https://de.nachrichten.yahoo.com/deutschland-verst%C3%B6% C3%9Ft-waffenlieferungen-ukraine-gegen-103608481.html?guc-counter=1&guce_referrer=aHR0cHM6Ly93d3cuZ29vZ2xlLmN vbS88&guce_referrer_sig=AQAAAEgcDFR6DmAMsi49h4uypSE t8ZykafpAcDhz49y-2nBDupCFPzhW4V5CqtfxaXktk0PLK5Jt wMzuN2WPihaYx9TxCIdcurODuhMsXIeHp6c-t7tPXGnW mcagmPeo8X9Adr79Tr45mTle4KFp_Vt2vApTBAlsDSyUBdG_ b3qND3dY*.

49 Ebd.

50 Ebd.

51 http://germanhistorydocs.ghi-dc.org/sub_document.cfm?document_
    id=2297&language=german.

52 https://unric.org/de/charta/.

53 Ebd.

54 Ebd.

55 https://www.bpb.de/kurz-knapp/hintergrund-aktuell/310889/
    vor-75-jahren-vier-maechte-erklaerung-von-berlin/.

56 https://unric.org/de/charta/.

57 Der Friedensvertrag von San Francisco vom 8. September 1951
    gab Japan auf den japanischen Hauptinseln und weiteren Inseln
    die volle Souveränität zurück und beendete dadurch offiziell die
    Besatzungszeit (1945–1952). Der Vertrag wurde am 8. September
    1951 unterzeichnet und trat am 28. April 1952 in Kraft (hier der
    Vertrag im Volltext: https://en.wikisource.org/wiki/Treaty_of_San_
    Francisco).

58 https://www.nzz.ch/international/moskau-kuendigt-gespraeche-im-
    inselstreit-auf-japan-empoert-ld.1675765.

59 Vgl.: Meissner, Boris (Hrsg.): Moskau – Bonn, die Beziehungen
    zwischen der Sowjetunion und der Bundesrepublik Deutschland
    1955–1973, Köln 1975, S. 769.

60 Ebd.

61 https://www.bundestag.de/resource/blob/484610/dc5a3c061
    feef095da5885a52b92134c/WD-2-147-07-pdf-data.pdf.

62 Ebd.

63 Ebd.

64 https://www.un.org/en/development/desa/population/migration/
    generalassembly/docs/globalcompact/A_RES_60_1.pdf.

65 https://www.bundestag.de/resource/blob/484610/dc5a3c061
    feef095da5885a52b92134c/WD-2-147-07-pdf-data.pdf.

66 https://www.bundestag.de/resource/blob/543080/5d83eccc3
    d9c7d9bfa933a39af5c3e60/WD-2-115-17-pdf-data.pdf.

67 Ebd.

68 *https://freedert.online/international/192277-feindstaatenklausel-in-un-charta/.*

69 Wissenschaftliche Dienste des Deutschen Bundestages (Hrsg.), Fachbereich WD 3, Verfassung und Verwaltung: NATO-Truppenstatut, Zusatzabkommen, Verwaltungsvereinbarungen (WD 3 – 3000 – 416/08) vom 1. Dezember 2008, *https://www.bundestag.de/ resource/blob/418456/12c72156e0e29422d9933848bc6b0e/WD-3-416-08-pdf-data.pdf* ebenso *https://www.gesetze-im-internet.de/ natotrstatvtrg/NATOTrStatVtrG.pdf* und *https://www.auswaertiges-amt.de/blob/248544/2e543ae88d2222ad0045bd2f2349277f/ vertragstextbgbl-data.pdf.*

70 Wissenschaftliche Dienste des Deutschen Bundestages (Hrsg.), Fachbereich WD 3, Verfassung und Verwaltung: NATO-Truppenstatut, Zusatzabkommen, Verwaltungsvereinbarungen (WD 3 – 3000 – 416/08) vom 1. Dezember 2008, *https://www.bundestag.de/ resource/blob/418456/12c72156e0e29422d9933848bc6b0e/WD-3-416-08-pdf-data.pdf.*

71 Ebd.

72 Vgl.: Orzechowski, Peter: *Besatzungszone. Wie und warum die USA noch immer Deutschland kontrollieren*, Rottenburg 2019, S. 27 ff.

73 Ebd.; sowie *Der Spiegel* vom 13. Juni 2020, S. 30.

74 Vgl.: *Der Spiegel* vom 13. Juni 2020, S. 30.

75 Zusatzabkommen zum Truppenstatut (1959), Artikel 3 (vgl.: *https://www.sueddeutsche.de/politik/usa-in-deutschland-freie-fahrt-fuer-spione-1.1819376*).

76 *https://www.buzer.de/gesetz/4705/index.htm.*

77 *https://www.das-parlament.de/2013/48/themenausgabe/deutsche-wurden-dreimal-souveraen*; *https://www.stuttgarter-zeitung.de/ inhalt.voelkerrecht-kanzlerin-merkel-deutschland-ist-jetzt-souveraen.375e66bf-ec6a-4092-b031-b62889d88688.html.*

78 Ebd.

79   Ebd.

80   Siehe zu diesem Kapitel auch meine Publikation Grandt, Michael:
     Schlachtfeld Ukraine. Angriffs- oder Präventivkrieg?, Hamburg
     2022, aus der ich Teile und Recherchen verwendet habe.

81   Wagner, Katharina: »Ost-Erweiterung der Nato: Das große Rätsel
     um Genschers angebliches Versprechen«, *https://www.faz.net/
     aktuell/politik/ost-erweiterung-der-nato-was-versprach-
     genscher-12902411.html.*

82   *https://www.bundesregierung.de/breg-de/themen/deutsche-einheit/
     friedliche-revolution-und-wiedervereinigung/chronik-der-ereignisse-
     1989-1990; https://www.bpb.de/themen/deutsche-einheit/deutsche-
     teilung-deutsche-einheit/43771/verhandlungen-mit-den-vier-
     maechten/#node-content-title-3.*

83   Interview in: *Inside NATO. Krieg und neue Feinde*, Phoenix,
     Sendung vom 2. März 2022, 20:15 Uhr.

84   Heumann, Hans-Dieter: *Hans-Dietrich Genscher. Die Biografie*,
     Paderborn 2012, S. 280.

85   »Das würde ich sogar beeiden«, Frank Elbe, Interview in:
     Der Spiegel, 9/22 vom 26. Februar 2022 S. 45.

86   Ebd.

87   Ebd.

88   Ebd.

89   *Inside NATO. Krieg und neue Feinde*; hier auch auf Youtube:
     https://www.youtube.com/watch?v=o8rarwFKjw8&t=158s.

90   Vgl.: »If the United States keeps its presence in Germany within
     the framework of NATO, not an inch of NATO's present military
     jurisdiction will spread in an eastern direction« (Record of
     Conversation between Mikhail Gorbachev and James Baker,
     February 9, 1990), zitiert bei Savranskaya, Svetlana; Blanton, Tom:
     »NATO Expansion: What Gorbachev Heard«, National Security
     Archive, 12. Dezember 2017; *https://nsarchive.gwu.edu/sites/
     default/files/documents/4325680/Document-06-Record-of-*

conversation-between.pdf; https://nsarchive.gwu.edu/briefing-book/
russia-programs/2017-12-12/nato-expansion-what-gorbachev-
heard-western-leaders-early.

91 Vgl.: Sarotte, Mary Elise: »A Broken Promise? What the West
Really Told Moscow About NATO Expansion«, in: *Foreign Affairs*,
Volume 93, Number 5, September/Oktober 2014, S. 92.

92 »The importance of doing nothing to prejudice Soviet interests
and dignity«. Sir Rodric Braithwaite (Moskau): Telegraphic N.
667: »Secretary of State's Meeting with President Gorbachev«
(11. April 1990), in: Salmon, Patrick; Hamilton, Keith; Twigge,
Stephen (Hrsg.): *Documents on British Policy Overseas, Reihe III,
Band VII: German Unification, 1989–1990 (= Foreign and
Commonwealth Office. Documents on British Policy Overseas).*
Routledge, Oxford/New York 2010, S. 373 ff., *https://nsarchive.
gwu.edu/document/16129-document-15-sir-r-braithwaite-moscow-
telegraphic.*

93 Chrobog unterlief ein Versprecher, denn es war die Oder gemeint.

94 *https://www.welt.de/politik/ausland/article236986765/Nato-
Osterweiterung-Archivfund-bestaetigt-Sicht-der-Russen.html;
https://www.spiegel.de/ausland/nato-osterweiterung-aktenfund-
stuetzt-russische-version-a-1613d467-bd72-4f02-8e16-
2cd6d3285295.*

95 Ebd.

96 Ebd.

97 *https://nsarchive.gwu.edu/briefing-book/russia-programs/
2017-12-12/nato-expansion-what-gorbachev-heard-western-
leaders-early.*

98 Adomeit, Hannes: »NATO Osterweiterung: Gab es westliche
Garantien?« Arbeitspapier Sicherheitspolitik, Nr. 3/2018 der
Bundesakademie für Sicherheitspolitik, S. 5, *https://www.baks.
bund.de/sites/baks010/files/arbeitspapier_sicherheitspolitik_
2018_03.pdf.*

99 Trachtenberg, Marc: »The United States and the NATO Non-extension Assurances of 1990: New Light on an Old Problem?«, in: *International Security* 45, Heft 3, 2020/21, S. 174–183 ff.

100 Wiegrefe, Klaus: »Nato-Osterweiterung: Was hat der Westen 1990 heimlich dem Kreml zugesagt?«, in: *Der Spiegel* vom 10. Februar 2022.

101 Ebd.; *https://www.rbth.com/international/2014/10/16/mikhail_gorbachev_i_am_against_all_walls_40673.html*; *https://www.nato.int/docu/speech/1990/s900517a_e.htm*.

102 *https://www.auswaertiges-amt.de/de/aussenpolitik/themen/internationales-recht/-/240218*.

103 *https://www.dekoder.org/de/gnose/nato-osterweiterung-debatte-versprechen*; mehr zu diesem Komplex in: Adomeit, Hannes: »NATO-Osterweiterung: Gab es westliche Garantien?«, Berlin: Bundesakademie für Sicherheitspolitik, Arbeitspapier Sicherheitspolitik Nr. 3, 2018; Kramer, Mark: »The Myth of a No-NATO-Enlargement Pledge to Russia«, in: *The Washington Quarterly* 32, 2, 2009, S. 39 ff.; Radchenko, Sergey: »Nothing but Humiliation for Russia: Moscow and NATO's Eastern Enlargement, 1993–1995«, in: *Journal of Strategic Studies* 43, 6–7, 2020, S. 769 ff.; Sarotte, Mary Elise: »Perpetuating U.S. Preeminence: The 1990 Deals to Bribe the Soviets Out and Move NATO«, in: *International Security* 35, 1, 2010, S. 110 ff.; Spohr, Kristina: »Precedent-setting or Precluded? The ›NATO Enlargement Question in the Triangular Bonn-Washington-Moscow Diplomacy of 1990–1991‹«, in: *Journal of Cold War Studies* 14, 4, 2012, S. 4 ff.; Trachtenberg, Marc: »The United States and the NATO Non-extension Assurances of 1990: New Light on an Old Problem?«, in: *International Security* 45, 3, 2020, S. 162 ff.

104 Wiegrefe, NATO-Osterweiterung.

105 Nünlist, Christian: »Krieg der Narrative – Das Jahr 1990 und die NATO-Osterweiterung«, in: *Sirius. Zeitschrift für Strategische*

Analysen, Band 2, Heft 4, 2018, S. 389, *https://www.degruyter.com/document/doi/10.1515/sirius-2018-4007/html.*

106 Goldgeier, James: »Promises Made, Promises Broken? What Yeltsin Was Told about NATO in 1993 and Why It Matters«, War on the Rocks, 2016, *https://warontherocks.com/2016/07/promises-made-promises-broken-what-yeltsin-was-told-about-nato-in-1993-and-why-it-matters/*; ebenso: Nünlist, Krieg der Narrative.

107 Text der Grundakte, *https://www.nato.int/cps/en/natohq/official_texts_25468.htm?selectedLocale=de.*

108 Wiegrefe, NATO-Osterweiterung; ebenso: *Der Spiegel* 11/2022, S. 31.

109 »Das würde ich sogar beeiden«, Frank Elbe, Interview in: *Der Spiegel* 9/22 vom 26. Februar 2022, S. 45.

110 *https://www.dekoder.org/de/gnose/nato-osterweiterung-debatte-versprechen.*

111 Inside NATO.

112 Ebd.

113 Vgl.: Christian Nünlist: »Krieg der Narrative – Das Jahr 1990 und die NATO-Osterweiterung«, in: *Sirius. Zeitschrift für Strategische Analysen*, Band 2, Heft 4, 2018, S. 389, *https://www.degruyter.com/document/doi/10.1515/sirius-2018-4007/html.*

114 *https://www.dekoder.org/de/gnose/nato-osterweiterung-debatte-versprechen.*

115 *https://www.bpb.de/themen/deutsche-einheit/zwei-plus-vier-vertrag/44117/artikel-5/.*

116 *https://www.bpb.de/themen/deutsche-einheit/zwei-plus-vier-vertrag/44123/vereinbarte-protokollnotiz-zu-dem-vertrag-ueber-die-abschliessende-regelung-in-bezug-auf-deutschland-vom-12-september-1990/.*

117 Sarotte, Mary Elise: *Nicht einen Schritt weiter nach Osten. Amerika, Russland und die wahre Geschichte der Nato-Osterweiterung*, München 2023.

118 Inside NATO

119 *https://www.welt.de/politik/article2812583/Ukraine-und-Georgien-duerfen-vorerst-nicht-in-Nato.html.*

120 *https://www.nato.int/cps/en/natohq/news_213448.htm.*

121 *https://www.merkur.de/politik/schweden-nato-beitritt-usa-washington-biden-dokumente-reise-erdogan-ungarn-zr-92874490.html.*

122 *https://freeassange.rtde.life/europa/198509-russland-warnt-vor-stationierung-von-us-atomwaffen-in-nordeuropa/.*

123 Das meint auch der US-Politikwissenschaftler Marc Trachtenberg in: »The United States and the NATO Non-extension Assurances of 1990: New Light on an Old Problem?«, *International Security*, Band 45, Heft 3, 2020/21, S. 184 ff.

124 Nünlist, Krieg der Narrative.

125 *https://www.nytimes.com/2005/03/18/politics/george-f-kennan-dies-at-101-leading-strategist-of-cold-war.html.*

126 Ebd.

127 *https://freeassange.rtde.life/meinung/196991-zwei-plus-vier-vertrag-deutschland/.*

128 *https://www.berliner-zeitung.de/politik-gesellschaft/ukraine-krieg-spd-fraktion-knickt-bei-weitreichenden-waffen-ein-wirbel-um-ampelantrag-li.2188973.*

129 *https://freeassange.rtde.life/international/198151-durchgesickerte-aufnahme-ueber-angriff-auf/*

130 Vgl. die Aussagen deutscher Militärs in der Sendung *hart aber fair* (ARD) vom 4. März 2024.

131 *https://t.me/medvedev_telegram/457; https://freeassange.rtde.life/europa/197971-tod-nazi-invasoren-russland-reagiert/*

132 Ebd.

133 *https://www.bild.de/regional/schleswig-holstein/regional/nach-taurus-affaere-russen-fernsehen-droht-mit-brueckensprengung-87417208.bild.html.*

134 Mehr zu ihrer Person in meinem Buch: *Junge globale Führerin. Annalena Baerbock: Wer sie ist – Was sie will – Wer sie steuert,* Rottenburg 2021.

135 *https://www.spiegel.de/politik/deutschland/olaf-scholz-und-annalena-baerbock-leisetreter-gegen-lautsprecherin-a-cecf1144-2da7-41cb-a524-48e21eabad10?context=issue.*

136 *https://www.welt.de/politik/deutschland/article243719541/Wer-keine-Fehler-macht-der-lebt-nicht-sagt-Annalena-Baerbock-nun.html.*

137 *https://www.berliner-zeitung.de/news/aussenministerin-annalena-baerbock-kundigt-wiederaufbau-offensive-fur-ukraine-an-konferenz-in-london-li.361261.*

138 *https://www.bild.de/politik/ausland/politik-ausland/ukraine-krieg-die-aktuelle-lage-im-live-ticker-83726300.bild.html#651 aadcc2195e2613ba9c81a.*

139 *https://www.faz.net/aktuell/politik/ausland/selenskyj-fordert-kampfjets-von-scholz-und-macron-18664693.html.*

140 *https://www.bild.de/politik/inland/politik-inland/olaf-scholz-geht-auf-energie-abzocker-los-bundeskanzler-exklusiv-im-bild-intervi-83005574.bild.html.*

141 Interview CNN Exclusive: »Scholz vows to ›permanently‹ increase Germany's military output: CNN«, *https://english.almayadeen.net/news/politics/scholz-vows-to-permanently-increase-germanys-military-output.*

142 *https://www.bild.de/news/2022/news/russland-krieg-gegen-ukraine-aktuell-im-liveticker-79328978.bild.html#641313a2ce-78da48c2cd718d,* 16. März 2023.

143 *https://www.welt.de/politik/deutschland/article245462408/Bundeskanzler-Olaf-Scholz-SPD-daempft-Nato-Hoffnungen-der-Ukraine.html?icid=search.product.onsitesearch.*

144 *https://www.bild.de/politik/ausland/politik-ausland/ukraine-krieg-die-aktuelle-lage-im-live-ticker-83726300.bild.html#646cbfddd3597e7ffb419d81,* 23. Mai 2023.

145 *https://www.bild.de/politik/ausland/politik-ausland/ukraine-krieg-die-aktuelle-lage-im-live-ticker-83726300.bild.html#65004c4653267a4c29d371c0*, 12. September 2023.

146 *https://exxpress.at/selenskyj-vor-der-un-in-new-york-vertraut-nicht-dem-boesen-fragt-prigoschin/*.

147 *https://www.bild.de/politik/inland/politik-inland/laecherlich-scholz-und-biden-spotten-ueber-putin-interview-87104656.bild.html*.

148 *https://www.bild.de/politik/inland/politik-inland/scholz-ansprache-muessen-russland-wieder-abschrecken-87281906.bild.html*.

149 *https://www.bild.de/politik/inland/politik-inland/neue-studie-so-viel-zahlt-deutschland-im-vergleich-an-die-ukraine-87178178.bild.html*.

150 Zitiert auf: *https://freeassange.rtde.life/international/131481-liveticker-ukraine-krieg/*, 21. Februar 2024.

151 9. Juli 2023: Bundespräsident Frank-Walter Steinmeier (SPD) erklärt im Sommerinterview mit dem ZDF hinsichtlich der umstrittenen Lieferung von US-Streumunition an die Ukraine, man könne »in der gegenwärtigen Situation den USA nicht in den Arm fallen« und das, obwohl Steinmeier noch in seiner Funktion als Außenminister für Deutschland **selbst** das Abkommen gegen Streubomben unterzeichnet hat. *https://freeassange.rtde.me/meinung/174784-steinmeier-zu-streubomben-usa-nicht/*.

152 Originaltext hier: *https://www.bundesregierung.de/resource/blob/975226/2260158/d84fa168bdd3747913c4e8618bd196af/2024-02-16-ukraine-sicherheitsvereinbarung-eng-data.pdf?download=1* (engl.); *https://www.bundeskanzler.de/resource/blob/1832584/2260264/8efa1868839ede7609437b341d75c3c5/2024-02-16-ukraine-sicherheitsvereinbarung-deu-data.pdf* (dt.); Analyse der Vereinbarung hier: *https://www.anti-spiegel.ru/2024/was-in-der-sicherheitspartnerschaft-zwischen-deutschland-und-der-ukraine-geregelt-ist/*.

153 *http://www.documentarchiv.de/brd/2p4.html*.

154 UN-Charta vom 26. Juni 1945, Artikel 51.

155 *https://faktencheck.afp.com/doc.afp.com.32937GX.*

156 Grandt, Michael: *Schlachtfeld Ukraine: Angriffs- oder Präventivkrieg,* Hamburg 2022. Siehe: *https://www.konservative.de/Broschueren.*

157 In meiner Publikation *Schlachtfeld Ukraine. Angriffs- oder Präventivkrieg?* gehe ich auf diese Vorgeschichte genau ein (erhältlich über *info@konservative.de.*

158 *https://faktencheck.afp.com/doc.afp.com.32937GX.*

159 *https://www.spiegel.de/politik/deutschland/voelkerrechtler-ueber-juristische-konsequenzen-fuer-wladimir-putin-haftbefehlt-haette-immense-symbolische-kraft-a-d5f596d8-b81f-4903-99e5-dd9f21c3dad8?context=issue.*

160 Ebd.

161 *https://de.nachrichten.yahoo.com/deutschland-verst%C3%B6%C3%9Ft-waffenlieferungen-ukraine-gegen-103608481.html? guccounter=1&guce_referrer=aHR0cHM6Ly93d3cuZ29v Z2xlLmNvbS8&guce_referrer_sig=AQAAAEgcDFR6DmA Msi49h4uypSEt8ZykafpAcDhz49y-2nBDupCFPzhW4V5Cqtfxa Xktk0PLK5JtwMzuN2WPihaYx9TxCIdcurODuhMsXIeHp6c-t7tPXGnWmcagmPeo8X9Adr79Tr45mTle4KFp_Vt2vApTBAl sDSyUBdG_b3qND3dY.*

162 Ebd.

163 Ebd.

164 Ebd.

165 *https://www.zdf.de/nachrichten/politik/annalena-baerbock-kriegserklaerung-ukraine-krieg-russland-100.html.*

166 *https://www.bild.de/news/2022/news/russland-krieg-gegen-ukraine-aktuell-im-liveticker-79328978.bild. html#63fc9a702c42f81f675b8148* (26. Februar 2023).

167 Ebd.

168 *https://freeassange.rtde.me/international/166758-lawrow-im-gespraech-mit-prensa/.*

169 *https://freeassange.rtde.me/international/170888-lawrow-nato-ist-auch-de/.*

170 *https://www.oe24.at/welt/ukraine-krieg/russen-minister-lawrow-westen-ist-im-direkten-kampf-mit-russland/569912060.*

171 *https://freeassange.rtde.me/international/131481-liveticker-ukraine-krieg/* (23. Oktober 2023).

172 *https://freeassange.rtde.me/russland/191464-putin-benennt-wahren-feinde-russlands/.*

173 *https://www.bild.de/news/2022/news/russland-krieg-gegen-ukraine-aktuell-im-liveticker-79328978.bild.
html#64199f8f0a22ff3450c2026e* (21. März 2023).

174 Video der Stellungnahme abzurufen auf: *https://freeassange.rtde.me/kurzclips/video/165816-us-general-beseitigung-gegners-ohne/.*

175 *http://okv-kuratorium.org/ukraine-der-krieg-den-deutschland-verursachte-und-stoppen-kann/.*

176 *http://www.documentarchiv.de/brd/2p4.html.*

177 *https://www.welt.de/newsticker/dpa_nt/infoline_nt/thema_nt/article 131986171/Das-Minsker-OSZE-Protokoll-fuer-eine-Feuerpause.html.*

178 Mehr zu den Hintergründen in meiner Publikation *Schlachtfeld Ukraine. Angriffs- oder Präventivkrieg?*
(erhältlich über *info@konservative.de*).

179 *https://www.welt.de/newsticker/dpa_nt/infoline_nt/thema_nt/article 131986171/Das-Minsker-OSZE-Protokoll-fuer-eine-Feuerpause.
html*; *https://www.osce.org/files/f/documents/a/a/123258.pdf.*

180 *https://www.zeit.de/politik/ausland/2014-09/ukraine-donezk-gefechte?utm_referrer=https%3A%2F%2Fde.wikipedia.org%2F.*

181 *https://www.bpb.de/201881/dokumentation-das-minsker-abkommen-vom-12-februar-2015/.*

182 Vgl.: *https://www.tagesspiegel.de/politik/abkommen-minsk-ii-13-punkte-fuer-den-frieden/11366782.html.*

183 Vgl.: Hug, Alexander: »Der Krieg hat nie aufgehört«, in: *Tages-Anzeiger*, 21. Februar 2022, S. 6.

184 *https://www.spiegel.de/politik/ausland/ukraine-konflikt-usa-werfen-russland-militaerpraesenz-aufstockung-vor-a-1018473.html.*

185 *https://www.un.org/press/en/2015/sc11785.doc.htm.*

186 *https://www.zeit.de/politik/ausland/2019-04/ukraine-wahl-demokratie-selenskyj-poroschenko.*

187 *https://www.deutschlandfunk.de/ostukraine-luftangriffe-auf-donezk-100.html.*

188 *https://www.n-tv.de/politik/Unterzeichnet-mit-vorgehaltener-Waffe-article23143867.html.*

189 *https://www.spiegel.de/ausland/ukraine-wladimir-putin-erkennt-unabhaengigkeit-der-volksrepubliken-donezk-und-luhansk-an-a-d06e5aa2-afe1-4689-9dae-1df0e0fd9dc3; https://www.tagesschau.de/ausland/europa/russland-separatistengebiete-103.html.*

190 *https://yandex.ru/video/preview/13277929547094209932; https://www.anti-spiegel.ru/2023/nach-merkel-hollande-und-poroschenko-auch-selensky-wollte-minsker-abkommen-nie-umsetzen/.*

191 *https://www.zeit.de/2022/51/angela-merkel-russland-fluechtlingskrise-bundeskanzler/komplettansicht; https://www.anti-spiegel.ru/2023/nach-merkel-hollande-und-poroschenko-auch-selensky-wollte-minsker-abkommen-nie-umsetzen/.*

192 *https://kyivindependent.com/hollande-there-will-only-be-a-way-out-of-the-conflict-when-russia-fails-on-the-ground/*

193 Das Schreiben von RA Dirk Schmitz abgedruckt auf der Seite: *https://www.alexander-wallasch.de/gesellschaft/ra-dirk-schmitz-stellt-strafanzeige-wegen-vorbereitung-eines-angriffskrieges.*

194 RA Dirk Schmitz: Strafanzeige und Strafantrag gegen »Unbekannt« zur Vorbereitung eines Angriffskrieges gegen Russland mithilfe von deutschen Taurus-Raketen durch Führungskräfte der Bundeswehr vom 4. März 2023, *https://www.alexander-wallasch.de/gesellschaft/ra-dirk-schmitz-stellt-strafanzeige-wegen-vorbereitung-eines-angriffskrieges.*

195 Ebd.

196 Ebd.

197 Ebd.

198 Ebd.

199 Ebd.

200 Ebd.

201 Ebd.

202 Ebd.

203 *https://www.gesetze-im-internet.de/stgb/__211.html.*

204 *https://www.gesetze-im-internet.de/stgb/__212.html.*

205 Die Wissenschaftlichen Dienste des Bundestages: Weisungsbefug-nisse gegenüber der Staatsanwaltschaft (WD 7 3000 – 081/23 (15.09.2023): *https://www.bundestag.de/resource/blob/976306/459d0ec2492bcd363f7c00af667a0ee5/WD-7-081-23-pdf.pdf.*

206 Ebd.

207 *https://sie-hoeren-von-meinem-anwalt.de/2015/06/die-bedeutung-einer-praeambel-i/.*

208 *http://www.documentarchiv.de/brd/2p4.html.*

209 Ebd.

210 Ebd.

211 *https://www.anti-spiegel.ru/2024/warum-in-russland-ueber-die-kuendigung-des-zwei-plus-vier-vertrages-diskutiert-wird/.*

212 Ebd.

213 *http://www.documentarchiv.de/brd/2p4.html.*

214 *https://www.gesetze-im-internet.de/gg/art_26.html.*

215 § 80 StGB, gültig bis zum 31.12.2016.

216 Vgl.: Mitschka, Jochen: *Deutschlands Angriffskriege. Der verlorene Geist des Grundgesetzes*, Rottenburg 2019, S. 15.

217 AZ 3 ARP 8/06-3; Ebd., S. 16.

218 *https://www.gesetze-im-internet.de/stgb/__80.html.*

219 *https://www.br.de/nachricht/angriffskrieg-100.html.*

220 *https://www.gesetze-im-internet.de/stgb/__80a.html.*

221 *https://www.gesetze-im-internet.de/vstgb/BJNR225410002.html.*

222 *https://www.hintergrund.de/politik/inland/verbot-der-vorbereitung-eines-angriffskrieges/.*

223 Ebd.

224 Mitschka, S. 20.

225 Vgl.: Polónyi, Carl: *Heil und Zerstörung: Nationale Mythen und Krieg am Beispiel Jugoslawiens 1980–2004*, Berlin 2010, S. 271 f.

226 UN-Bericht vom 23. September 1998.

227 Activation Order am 12. Oktober 1998; vgl.: Nation, R. Craig: *War in the Balkans 1991–2002*, Strategic Studies Institute, 2003, S. 237 ff.

228 *https://www.deutschlandfunk.de/vor-20-jahren-begann-der-kosovo-krieg-bomben-gegen-belgrad-100.html*; die deutsche Luftwaffe mit den Kampfflugzeugen Tornado Recce zur Luftaufklärung und Tornado ECR zur Bekämpfung der Flugabwehr, *https://augengeradeaus.net/2019/03/vor-20-jahren-der-erste-kriegseinsatz-der-luftwaffe-in-der-nato/*; die deutsche Marine beteiligte sich mit dem Zerstörer Lütjens, den Fregatten Rheinland-Pfalz und Bayern sowie dem Flottendienstboot Oker an den maritimen Operationen.

229 *https://cms.gruene.de/uploads/documents/GRUENE_Chronik_1979-2019.pdf*, S. 70.

230 Vgl. zu diesem Krieg: Neumann, Klaus: »Der nächste Konflikt wird kommen«, in: *Europäische Sicherheit* Nr. 11 vom 1. November 1999.

231 *https://www.rand.org/pubs/research_briefs/RB72.html.*

232 *https://web.archive.org/web/20130208062035/http://www.tanjug.rs/novosti/46252/pre-13-godina-potpisan-kumanovski-sporazum.htm*, ebenso: *http://www.neues-deutschland.de/artikel/145916.es-geschah-in-unserem-namen.html.*

233 *Es begann mit einer Lüge – Wie die Nato im Krieg um Kosovo Tatsachen verfälschte und Fakten erfand*; ein Film von Jo Angerer und Mathias Werth (WDR), ausgestrahlt in der ARD am 8. Feb-

ruar 2001. Sendemanuskript abzurufen auf: *http://www.ag-friedensforschung.de/themen/NATO-Krieg/ard-sendung.html* (Hervorhebungen durch den Autor).

234 *https://cms.gruene.de/uploads/documents/GRUENE_Chronik_1979-2019.pdf*, S. 70.

235 *https://www.anti-spiegel.ru/2024/warum-in-russland-ueber-die-kuendigung-des-zwei-plus-vier-vertrages-diskutiert-wird/*.

236 Hier das Video dazu: *https://www.youtube.com/watch?v=vdbT2RwjsyI*.

237 Über die zahllosen Ungereimtheiten bei der Aufklärung dieser »Terrorakte« vom 11. September 2001 möchte ich an dieser Stelle nicht spekulieren. Dazu gibt es ausreichend Literatur.

238 Hofmann, Gunter: »Die Zerreißprobe« (*Die Zeit* vom 27. September 2001), in: Amend, Christoph; Schwarz, Patrik (Hrsg.): *Die Grünen – Das Buch*, Hamburg 2011, S. 223.

239 Ebd., S. 62.

240 *https://verfassungsblog.de/wer-schuetzt/*.

241 *https://www.spiegel.de/politik/ausland/us-voelkerrechtler-dieser-krieg-ist-illegal-a-164785.html*.

242 *https://verfassungsblog.de/os1-interventionism-de/*.

243 *https://verfassungsblog.de/wer-schuetzt/*.

244 Dann aber nicht immer mit Billigung der Grünen; *http://www.bild.de/politik/inland/afghanistan/bundeswehr-bilanz-am-hindukusch-30067658.bild.html*.

245 Mitschka, S. 77.

246 *https://www.dw.com/de/irak-krieg-nach-der-l%C3%BCge-folgte-der-v%C3%B6lkerrechtsbruch/a-64942299*.

247 Ebd.

248 Ebd.

249 Mitschka, S. 77.

250 Ebd., S. 79.

251 Ebd.

252 Schröm, Oliver et al.: »Die Bagdad-Protokolle«, *https://www.stern. de/investigativ/projekte/geheimdienste/deutschlands-rolle-im-irak-krieg-die-bagdad-protokolle-3524602.html.*

253 Vgl.: Goetz, John; Rosenbach, Marcel; Stark, Holger: »How German Agents Helped Pave the Way into Iraq«, *Spiegel Online International*, 16. Dezember 2008, Teil 3: »An Incorrect Denial«, *https://www.spiegel.de/international/germany/those-guys-are-heroes-how-german-agents-helped-pave-the-way-into-iraq-a-596584-3.html.*

254 Ebd.; Part 2: »Germany's Role in Combat Decisions«, *https://www.spiegel.de/international/germany/those-guys-are-heroes-how-german-agents-helped-pave-the-way-into-iraq-a-596584-2.html.*

255 Ebd.; Part 3: »An Incorrect Denial«, *https://www.spiegel.de/international/germany/those-guys-are-heroes-how-german-agents-helped-pave-the-way-into-iraq-a-596584-3.html.*

256 Mistschka, S. 79.

257 Das bestätigt auch Mitschka, S. 91.

258 Ebd.

259 Vgl.: Bloomberg: »Rickards Says Libya's Gold Bullion May Never Be Found«, Youtube, 23. August 2011, *https://www.youtube.com/watch?v=a_LjXW9bvU0.*

260 *https://www.bpb.de/themen/kriege-konflikte/dossier-kriege-konflikte/54649/libyen/.*

261 *https://www.die-linke.de/start/presse/detail/statt-voelkerrecht-mord-und-totschlag-nato-faelscht-bilanz-des-libyen-krieges/.*

262 Vgl.: Sebastian, Harnisch: »Deutschlands Rolle in der Libyen-Intervention: Führung, Gefolgschaft und das angebliche Versagen der Regierung Merkel«, (Uni Heidelberg), *https://www.uni-heidelberg.de/md/politik/harnisch/person/publikationen/harnisch_deutschlands_rolle_in_der_libyen-intervention.pdf*, S. 97.

263 *https://www.fraenkischertag.de/lokales/lichtenfels/politik/lichtenfelser-gruene-stehen-hinter-baerbock-und-habeck-art-144641.*

264 Ness, Uwe: »Von Mutlangen in den Kosovo und nach Libyen: Zur einstigen Friedenspartei DIE GRÜNEN«, zitiert in: Mitschka, S. 92.

265 Mitschka, S. 92 f.

266 Vgl. dazu: *http://www.spiegel.de/politik/ausland/einsatz-in-libyen-deutsche-soldaten-helfen-nato-bei-der-zielauswahl-a-781111.html*; *http://www.spiegel.de/politik/ausland/einsatz-in-libyen-opposition-entruestet-sich-ueber-deutsche-kriegsbeteiligung-a-781242.html*; *http://www.spiegel.de/politik/ausland/libyen-krieg-deutscher-soldaten-einsatz-bringt-de-maiziere-in-bedraengnis-a-781267.html*.

267 Harnisch, S. 118.

268 Harnisch, S. 116.

269 Bell, Anthony; Witter, David: »The Libyan Revolution: Roots of the Rebellion Part I«, Washington, DC, Institute for the Study of War, Washington 2011, S. 23, *http://www.understandingwar.org/sites/default/files/Libya_Part1_0.pdf*.

270 Harnisch, S. 117.

271 Interview auf: *https://www.nachdenkseiten.de/?p=35408*.

272 Harnisch, S. 114 f.

273 *https://www.fr.de/meinung/nato-libyen-missbrauch-voelkerrechts-11371980.html*.

274 Anderson, Tim: *Der schmutzige Krieg gegen Syrien: Washington, Regime Change, Widerstand*, o. O., 2016.

275 *http://www.spiegel.de/politik/ausland/deutscher-geheimdienst-bruestet-sich-mit-rolle-in-syrien-a-850983.html*.

276 Vgl.: Mitschka, S. 111.

277 Mitschka, S. 112.

278 Ebd., S. 115.

279 WD 2 – 3000 - 048/18, *https://www.bundestag.de/blob/551344/f8055ab0bba0ced333ebcd8478e74e4e/wd-2-048-18-pdf-data.pdf*.

280 WD 2 – 3000 – 130/18, *https://www.bundestag.de/resource/blob/568586/e979e0a7348409ce22153522087b3813/wd-2-130-18-pdf-data.pdf*.

281 Mitschka, S. 117.

282 Ebd.

283 *http://eydner.org/dokumente/darsiwaev.PDF*, S. 5.

284 Mitschka, S. 117.

285 Ebd.

286 Ebd.

287 *https://freeassange.rtde.life/inland/196968-kuendigung-24-vertrags-russischer-senator/*.

288 *https://freeassange.rtde.me/meinung/197121-warum-kuendigung-24-abkommens-keine-gute-idee-ist/*.

289 *https://freeassange.rtde.life/international/131481-liveticker-ukraine-krieg/*; 7. März 2024.

290 *https://freeassange.rtde.me/meinung/197121-warum-kuendigung-24-abkommens-keine-gute-idee-ist/*.

291 Ebd.

292 *https://freeassange.rtde.life/inland/196968-kuendigung-24-vertrags-russischer-senator/*.

293 Ebd., Aussage in der *gazeta.ru*.

294 *https://freeassange.rtde.life/europa/198821-auch-zwei-plus-vier-vertrag/*.

295 Ebd.

296 *https://t.me/infrarotsichtinsdunkel/3869*.

297 *https://rg.ru/2024/02/27/dojti-do-suti.html*.

298 *https://de.nachrichten.yahoo.com/deutschland-verst%C3%B6%C3%9Ft-waffenlieferungen-ukraine-gegen-103608481.html?guccounter=1&guce_referrer=aHR0cHM6Ly93d3cuZ29vZ2xlLmNvbS8&guce_referrer_sig=AQAAAEgcDFR6DmAMsi49h4uypSEt8ZykafpAcDhz49y-2nBDupCFPzhW4V5CqtfxaXktk0PLK5JtwMzuN2WPihaYx9TxCIdcurODuhMsXIeHp6c-t7tPXGnWmcagmPeo8X9Adr79Tr45mTle4KFp_Vt2vApTBAlsDSyUBdG_b3qND3dY*.

299 *https://www.anti-spiegel.ru/2024/warum-in-russland-ueber-die-kuendigung-des-zwei-plus-vier-vertrages-diskutiert-wird/*.

300 Haisenko, Peter: Wird Russland den 2+4-Vertrag kündigen?; *https://www.anderweltonline.com/klartext/klartext-20241/wird-russland-den-2-4-vertrag-kuendigen/*.

301 *https://www.anti-spiegel.ru/2024/warum-in-russland-ueber-die-kuendigung-des-zwei-plus-vier-vertrages-diskutiert-wird/*.

302 Ebd.

303 Ebd.

304 Ebd.

305 Ebd.

306 Ebd.

307 Ebd.

308 Vgl.: Beschluss vom Bundesverfassungsgericht vom 18. April 1996 (1 BvR 1452, 1459/90 und 2031/94): Der in Art. 143 Abs. 3 GG für bestandskräftig erklärte Restitutionsausschluss für die in den Jahren 1945 bis 1949 in der sowjetischen Besatzungszone auf besatzungsrechtlicher oder besatzungshoheitlicher Grundlage durchgeführten Enteignungen ist von Verfassungs wegen nicht zu beanstanden (Bestätigung von BVerfGE 84, 90), abzurufen auf: *https://www.servat.unibe.ch/dfr/bv094012.html*.

309 *https://freeassange.rtde.me/meinung/197121-warum-kuendigung-24-abkommens-keine-gute-idee-ist/*.

310 *https://www.tagesschau.de/inland/innenpolitik/verteidigung-atomare-abschreckung-100.html*.

311 *https://twitter.com/RepMTG/status/1674825884052647936*.

Dr. h. c. Michael Grandt (Jahrgang 1963) arbeitet seit 1992 als investigativer Journalist, Publizist und Fachberater für die Themenbereiche Wirtschaft, Finanzen und Zeitgeschichte. Er hat an zahlreichen Fernsehreportagen unter anderem für die britische BBC, den kanadischen Channel 4, den österreichischen ORF sowie die deutschen Sender RTL, SAT.1 und ProSieben mitgearbeitet und ist in vielen TV-Talkshows als Experte aufgetreten.

Michael Grandt hat über 5000 Fachcontents verfasst und bisher 36 Bücher publiziert. Die verkaufte Gesamtauflage beträgt über 750 000 Exemplare. Seine Bücher standen bisher über hundert Mal auf deutschen und österreichischen Bestsellerlisten, wie *Spiegel, Focus, Stern, Manager Magazin* und *Handelsblatt*.

Im Jahr 2005 wurde Michael Grandt die Staufermedaille für besondere Verdienste um das Land Baden-Württemberg verliehen. 2011 wurde er mit der Ehrendoktorwürde der staatlichen rumänischen Universität Pitești für »angewandte Journalismuswissenschaften« im Bereich der investigativen Recherche geehrt.

2014 wurde sein Artikel »Warum gibt es Aktiengesellschaften?« in das Schulbuch *Startup – Wirtschaft und Recht für das Gymnasium, Band 1* des C.C. Buchner Verlages in Bamberg aufgenommen.

Sein 2019 veröffentlichter Roman *Das Merkel-Attentat* (mit Alexander Strauß) und seine mehrbändige Sachbuchreihe *Adolf Hitler, eine Korrektur – was Ihnen die Geschichts- und Schulbücher verschweigen* (ab 2019) sowie die Bücher *Ohne SPD wäre Hitler nicht an die Macht gekommen* (2021), *»Junge globale Führerin« – Annalena Baerbock: Wer sie ist. Wer sie steuert. Was sie will«* (2021) und *Schlachtfeld Ukraine: Angriffs- oder Präventivkrieg?* sorgten für Empörung beim Mainstream.

Weitere Bücher von Michael Grandt:
http://www.michaelgrandt.de/meine-buecher/

Kostenloser Newsletter/Blog von Michael Grandt:
http://www.michaelgrandt.de/

Telegram:
https://t.me/MGrandt